JN439398

소리사냥

소리사냥

김용언 시집

계간문예

| 시인의 말 |

또 한 권의 시집을 엮는다

아홉 번째 시집을 엮는다.

문단에 입문할 초기에는 열정과 좌절을 반복하며, 사막을 횡단하는 등 먼지 펄펄 날리는 시를 썼으나 날이 갈수록 몸도 마음도 글도 겸손해진다는 표현이 솔직한 고백이다.

새로 엮는 시집은 주제와 소재에 구애받지 않고 쓴 글이 대부분이다.

앞으로도 그러하겠지만 시란 형식이나 규범에 구속되어서는 안 된다는 심정으로 작품을 쓸 생각이다.

이번에 상재하는 시집은 2000년도 즈음, 사막의 비경에 취해서 모래벌판을 종횡무진하며 쓴 《당나귀가 쓴 안경》 이후이니 17년 만에 펼치는 셈이다. 물론 그 안에 선집과 합본으로 시집을 펼치기는 했으나 초간본 시집으로는 열일곱 해 만이니 감회가 새롭다.

항상 어줍지 않은 글이라 비평을 하면서도 청춘을 불러준 아내에게 감사하는 마음이다.

2017년 초가을

경기도 가평 「사람의 마을」 강계산방에서 김용언

차례

제2부 목혼木魂을 위로하다

3부 소리사냥

4부 나무의 외출

5부 귀가, 그리고 모두 절벽

6부 아버지와 맨드라미

제1부

의자를 지키는 이유

깡통, 하늘을 날다

그런대로 취해서 비틀거리며 길을 가는데
빈 깡통 하나 눈에 잡힌다
온 힘을 다해 발길질하니
허공에 반원을 그리며 날개를 편다

깡통이 날아간 자국이
한참 동안 눈에 선한데
허공에는 아무런 상처가 없다
허공처럼 살아야 한다는 교훈을 얻는다

빈 깡통은 하늘을 나니 시원하고
내 발길은 힘을 썼으니 시원하고
허공은 한데 얻어맞았으니 시원하고

아, 오늘은 시원한 날이다

의자를 지키는 이유

막차가 떠나고
버스 정류장의 외등도 꺼졌다
나는 어둠과 눈을 마주한 채 체온이 사라진 의자에 앉아 있다
내일 아침 첫차로 올 것이라는 기대감 때문에

사실, 올 사람은 나밖에 없다는 걸 이미 알고 있다
그러나 기다려 볼 참이다
기다림이 없는 삶은 얼마나 메말랐던가
그래서, 차를 타지도 않을 나
그래서 오지도 않을 나를 마중하기 위해
버스 정류장의 의자를 지키는 중이다

체온이 식어버린 빈 의자
누군가 버리고 간 차표와
허탈감 몇 조각만이 어둠 속에 잠기고 있다

분노한 혁명군처럼

분노한 혁명군처럼 몰려왔다
깃발들이 출렁거리고
혁명의 날이 밝았다는 외침으로 하늘이 흔들린다
진달래, 개나리, 목련, 라일락, 산철쭉, 산벚꽃
하다못해 외롭게 언덕을 지키던 조팝나무
허긴, 살아도 후회 없을 세상이 오는 듯하다

바지를 훌렁 벗고 싶다
흥건히 샘물처럼 솟아오르는 정액을 뿌리고 싶다
혁명군의 머리 위로
하얗게 물들도록 정액을 뿌리고 싶다
아, 스무 살의 뼈 아픈 추억이 치통처럼 솟아 오른다

혁명군의 깃발이 출렁거린다
아궁이를 지키던 부지깽이까지
땅 위에 머리를 박고
꽃을 피우려는
4월!
올해는 윤달이 끼어서
언덕에 돋아나는 봄풀조차 눈물처럼 무겁다

밥알을 줍다

밥알이 입 밖에 떨어지면 티끌이지만
입 속에 담으면 생명이 되고
사랑의 씨앗이 되고
때로는 그리움이 된다
그래서 상 위에 떨어진 밥알을 줍는다

살아 있을 땐 밥알이지만
죽으면 모래알이요 오물이 되기에
그래서 밥알은 비극의 씨앗이다

밥그릇의 밥알을 세고 있다가
우연히 밥알의 꿈틀거림을 본다
밥알도 때로는 詩가 될 수 있다는 그들의 밀담을 듣는다
그래서 상 위에 떨어진 밥알을 정성껏 줍는다

옷걸이에 걸리다

나는 집에 돌아오면 옷걸이에 걸린다
외투가 걸릴 때도 있고
와이셔츠가 걸리기도 하고
속옷이 걸릴 적도 있다
아내는 기다렸다는 듯 귀가하는 나를 탁탁 털어서 옷걸이에 걸어 놓는다
옷걸이에 걸린 나는 항상 만세를 부른다

옷걸이에 걸려 있는 나는 펄럭인다
살아 있다는 증거로 바람이 불지 않아도 펄럭인다
아내는 펄럭이는 나를 보며 웃는다
나 역시 따라 웃는다
어떤 때는 내가 바보 아닐까 의심하지만
허나 세월은 그렇게 흐르는 것 같다

오늘도 집에 돌아와 옷걸이에 걸린다
스스로 걸렸다
스스로 펄럭였다
아내도 웃고 나도 웃었다

비의 귀

비雨에 귀耳가 있다
내 귀와 비의 귀가 서로 만나 풀잎에서 빗방울 뒹구는 소리를 듣는다
얼싸안고 구르는 소리를 듣는다

석 달 가뭄 끝에 내리는 비다
풀잎도
나뭇잎도 빗방울과 어울려 뒹군다
먼지 펄펄 날리던 채마밭도 술렁거린다
파도처럼 술렁거린다

늙은 아버지의 손등 같은 지갈밭도
잡초들도 쑥덕인다
내일이나 모레쯤 근성을 보일 듯 수상하다

손바닥에 빗소리를 담아 본다
나도 모르는 사이에 크는 비밀처럼
손바닥에서 빗소리가 큰다
빗소리가 팔딱팔딱 물구나무서기를 한다

아내는 꽃구경 가고

남도南道에 봄이 일찍 왔다며 아내는 꽃구경 가고
둘이 쓰던 방이 넓어졌다
작은 집으로 이사 가자는 아내의 의중을 깨닫는 순간이다
사람의 온기가 없는 집이 넓어 보인다는 말이 새삼스럽다

청소기를 돌린다
아내가 남긴 체온을 청소기로 빨아들인다
걸레질도 했다
끈적거리는 일상을 걸레로 지운다
어찌 보면 존재한다는 건 존재하지 않을 수도 있다는 생각이 든다

아내는 꽃비에 취해서 봄이 허무하다는 걸 느끼고 있을지도 모른다
벚꽃보다 명자꽃이 애잔하다는 아내의 말이 눈앞에서 흔들린다
혼자 바라보아도 그런대로 붉은 명자꽃
가끔 실망의 한 자락을 걸어 놓았던 꽃이다

뜸금 없이 떠오른 생각이긴 해도 맞는 말인 것 같다
사랑이란
외로움보다도
잘 구운 등푸른생선 같은 것인가 보다

사는 게 이런 거라는
낙서 몇 줄을 끄적거리는 봄날
봄이 오는 듯 간다는 걸 저울질하며 헤설프게 웃어
본다

노을이 질 무렵 도착한 편지

노을이 그림자처럼 드리워질 무렵
편지 한 통을 받았다
세상에서 제일 느리게 배달된다는 외국 우체국에서
몽당연필로 내가 나에게 띄운 편지다

십 년 전 길 위에서 써서 보낸 편지 속에는
붉은 꽃잎 서너 개
피어 있었다
노을 앞에서
과거 속에 피었던 꽃을 본다
생명을 얻어 일어서는 꽃
십 년 동안 잠들었던 꽃에서 향기가 은은하다

갑자기
세상에서 제일 느리게 배달되는 우체국에 가고 싶다
십 년 지난 후 도착할 편지를 쓰고 싶다
아버지와 어머니
그리고 아내와 아들딸에게
모두
세상에서 가장 아름다운 꽃이라는 말을 써 넣고 싶다

웃는 사내

사내가 낯설다
한때는 짐승남이란 말을 듣기도 했으련만, 이젠 기억에서도 가물거린다
낯설어 보이는 사내가 웃고 있다
가끔 내가 나 아니기를 바라는 때도 있었다
지금 나 아닌 듯한 사내가 웃고 있다

뒤돌아보면 살아온 시간이 꿈 같은 때가 있다
물론 아득할 때도 있긴 하지만

웃고 있는 사내가 아득하다
꿈에 나타났던 사람 같다
참으로 나를 끈질기게 따라다닌다
후줄근해 보이는 모습이 안쓰러워 잠시 더 동행을 하기로 했다

어둠에 잠기는 사막 도시 1

길이 넘어진다
우리들의 약속도 어둠에 잠기고
사랑한다던 맹세도 눈을 감는다
어둠이 내리면 고향의 추억은 손에 잡히고 어머니 음성은 목에 걸린다

고향집 굴뚝에 피어오르던 연기도 어둠 속으로 풀어지면
문창호지에 얼비친 낮은 목소리 도란거린다
그 소리 들린다

늦장 부리던 한 줄기 빛까지 사라지면
지상엔 어쩔 수 없이 평온이 오고
작은 소리도 크게 들리고
낮은 곳으로 모이던 바람 소리만 귀를 세운다

사막의 도시는 불빛조차 건조해서
별빛이 처참할 정도로 빛나나 보다
어둠은 어둠이 아니라 눈 시린 빛이었다

어둠에 잠기는 사막 도시 2

어둠이 길을 삼키고 있다
사람도 삼키고 모래언덕도 삼키고 있다
바람이 어둠에 잠기면 소리만 남는다
하늘에는 그리움의 무리들이 반짝이기 시작하고,
어둠에 잠긴 집에서는 등불이 외롭게 눈을 뜬다

별이 총총한 밤에 꾸는 꿈은 달다고 한다
종일 햇빛을 쪼아 먹던 까마귀들도
눈을 감는데
유난히 입술 발그레하던 어린 시절의 친구는 지금
어디서 무엇을 하고 있을까

왜 밤이 깊을수록 별이 빛나는가
의문을 품던 어린 시절의 나는
이국에서 별 우는 소리를 듣고 있다
길 위에 쌓인 어둠을 밟으며
낯선 별의 이름을 묻고 있다

담장을 넘어온 꽃을 보며

가을 햇살이 토라진 여인처럼 앙칼지다
어쩔 줄 모르는 꽃들은 피고 지고
뒤늦게 돋아난 새순은 파르르 떤다

가을이 오면
정처 없이 먼 길 떠나고 싶다던
그 사람은 어디로 갔을까

담장을 넘어온 꽃도
저리 아름다운데
그 사람 가슴에 핀 꽃은 혼절할 정도로 황홀하겠지

계절의 끝자락엔 숲도 무심하고
놓아버린 추억도 아련하다
아, 담장을 넘어온 꽃은 왜 저리도 황홀하단 말인가

불을 지피며

추위보다 스산한 건 마음의 공간이었다
허전한 공간을 채우기 위해 난로불을 지폈다
불꽃은 울부짖듯
타악 탁
외로움보다 처절하게 소리 지르며
싸늘한 공기로 녹아내린다

죽은 나무도 제 살을 태우며 이웃을 덥혀 주는데
고작 불꽃을 바라보며 그립던 사람이나 떠올리는 나
이웃의 한 줌 사랑도 되지 못하는 나
차라리 저 불 속에 더불고 싶다

차라리 불꽃과 더불어
피어날 씨앗의 거름이 되고 싶다

겨울 산을 오르는 이유

앞을 봐도 뒤를 봐도 삭막하다

촛불 이야기도 스산하고, 장미꽃 이야기도 스산하긴 매한가지다
세상이 시끌시끌하기에 겨울산을 간다
산에 들면 시끄러운 소리 잊을까 하여 산을 오르자니 눈물이 난다

나는 왜 촛불을 들거나 장미를 들고 군중과 휩싸이지 못하고 산을 오를까?
비겁하다는 생각도 해보지만 모두가 허사인 것을 이미 알아버린 탓일 게다

얼어붙은 바위 사이로 흐르는 물은 목소리를 죽이며 하산을 하고, 능선을 타고 오르는 바람은 귀를 키울 정도로 소리를 키우고 있다

나는 산을 오른다
삭막한 겨울산을 뚜벅뚜벅 걸으며 발을 옮긴다

갑자기 외로워진다
외로워지기 위해 산을 오르는 것 같다

허공을 매달다

허공에 사물을 매달기는 했어도 허공에 허공을 매달기는 처음이다

잎새 떨군 나무에 덩그라니 매달린 감을 보니 나 자신 옷을 벗고 허공에 매달려 있는 느낌이다
허공에 허공이 매달린 모습이다

무성하던 잎새들이 허공 속으로 사라졌다 사라지는 것을 보며 무상이라는 단어를 떠올린다 이럴 때는 나도 갑남을녀 중의 하나라는 생각을 하게 된다

가을 하늘은 허공이다
한 번 빠지면 헤어나지 못할 수렁이다

허공 속에 매달려 있는 감을 본다
까치밥으로 남길 주황빛 감이 수렁에서 허우적댄다

허공이 너무 깊다

제2부

목혼木魂을 위로하다

이상한 도시

채소를 기르기 시작했다
땅에 뿌리 내리기를 거부하는 채소들을 모아 벽에 심었다
벽에서 자라는 채소들은 햇빛을 거부하기에 차양막을 설치했다
모든 벽이 밭으로 변했다
햇빛이 들지 않는 북쪽 벽이 제격이었다
벽 한쪽에는 시계도 걸어 놓았다
오른쪽에서 왼쪽으로 도는 시계였고 시침도 분침도 없는 시계가 어울렸다
채소들은 어둠을 먹고 자랐다
뿌리 없이 공중에 매달려 자란 채소는 불티나게 팔려 나갔다
벽에서 기른 채소를 먹은 사람들은 모두 벽을 쌓기 시작했다
도시 곳곳에 벽이 세워지더니 수없이 많은 골목이 생겨났다
골목이 생기자 어둠이 만들어지고 끊임없이 어둠을 좋아하는 채소들이 재배되었다
사람들은 드디어 벽을 사랑하기 시작했고 도시 전체에는

벽이 세워지고 어둠은 도시를 점령해 버렸다
　역시, 어둠은 빛보다 눈부셨다

목혼木魂을 위로하다

수령 40년 된 산벚꽃 나무!

사월 중순이면 하얗게 핀 벚꽃이 환상적이지요

한창 나이인데 어르신 흉내를 내는지 봄이 오기도 전에 꽃을 피우고 삼복지절에 단풍이 들고 잎을 떨구곤 합니다

조경사造景士가 조로증에 걸렸다 진단하기에 밑거름도 듬뿍 주고 칼슘 부족인 것 같아 칼슘도 듬뿍 주었건만 백약이 무효입니다

그런가 하면 요절한 감나무도 있습니다

수령 20년 된 토종 감나무입니다

외지에서 수입한 감나무는 기후 탓으로 동사로 죽기에 이곳에서 자생하던 토종 감나무를 구입해 심었습니다

년전에는 감이 무려 세 접이나 열려, 무게를 감당하지 못해 가지가 찢어졌던 나무였습니다. 초여름에 꽃을 제법 피우더니 여름이 되자 시들시들하더니 잎을 떨구고 이승을 서둘러 떠나고 말았습니다

깃털 빠진 수탉을 보는 듯했지요

요절한 이 상(김해경) 시인이 생각나기에 목혼을 위로해 주는 마음으로 앙상해진 가지 위에 등을 달아주었습니다

나무와 의사 소통이 안 되기에 이승을 서둘러 떠나는 이유를 묻지 못했지요 조로증에 걸린 나무와 요절한 나무에게 미안한 생각이 들었습니다

그들의 고민을 들어주지 못하는 어리석음

장마철인 오늘, 도포 위에 낙엽이 달라붙어 애잔한 생각이 들었습니다

차마 밟고 지날 수 없어 길을 비켜 걸어야만 했지요

중복中伏, 정오 무렵

중복을 사흘 지난 정오 무렵
길 한복판에서 똥개 한 쌍이 혀를 빼물며 흘레를 한다

보신탕집 황씨가 지나가고
과수 청주댁이 마주 보며 지나간다
둘은 흘낏거리며 씨익~ 웃는다

햇살이 적막 속으로 폭포처럼 쏟아지고 있다

간을 맞추다

간간한 바람이 불기 시작하면 사람들은 적당히 외로워지기 시작하고
풀과 나무들은 제가 서 있는 자리를 돌아보게 된다
어머니가 손맛을 내듯 사람들은 외로움으로 삶의 간을 맞추고 있다

어머니의 간 맞추기는 사랑의 간 맞추기였고
짜지도 싱겁지도 않게 버무리는 어머니의 손은 마음 가락이었다

가을이 깊어 가면 바람도 짭짤한 바다 맛이 돌기 시작하고
숲은 술렁거리며 하늘로 오르고
사람들은 외투 깃을 여미어 허전한 가슴을 덮기 시작한다

나는 몇 십 년 동안 외로워지기 위해 노력했지만
외로움으로 간을 맞춘 나의 삶은 언제나 짜거나 싱거웠다
얼마나 더 살아야 내 삶의 간을 적절히 맞출 수 있을는지

가을의 길목에서
또 다시 적당히 외로워지려는 연습을 시도해 본다

파리사냥

손이 발바닥이 되도록 비비는 모습이 보기 싫다
그 모습에 밸이 꼴려 파리채를 있는 힘을 다해 내리쳤다
파리채 밑에는 납작하게 뭉개진 공기뿐이다
파리는 하마, 줄행랑을 쳤다

그 놈의 눈도 보기 싫다
주둥이도 성깔이 있어 보인다
나의 천적처럼 보였다
파리채를 오른손에 쥐면 오른쪽 손등 위에 내려앉고
왼손에 들면 왼쪽 손등 위에 앉아
여유 있게 두 손을 비빈다
조롱을 한다

파리란 놈이 실수로 파리채를 들고 있는 반대쪽
손등 위에 앉는 순간, 사정없이 내리쳤다
하늘이 노래졌는데, 파리는 천장으로 날아가고
내 손등은 벌겋게 성을 낸다

파리잡기 달인이라는 사람에게 한 수 배웠다
파리의 뒤쪽으로 다가가서 파리채를 휘두르면
파리는 쥐포처럼 납작해질 거란다

그렇다
뒷통수를 쳐야 치명타를 날릴 수 있다

그러나
그러나
정면 승부를 하고 싶다
파리조차 이길 수 없다면
그 사람에게 줄 사랑을 어찌 구할 수 있겠는가

가을을 양념하다

가을이 유난히 짧다는 예보를 접하며
조급해진다
어떻게, 짧은 햇살을 맛있게 먹을까
우선 서점에 들러 가을과 궁합이 맞는 신간新刊을 사고
꽃집에 들러 잔잔한 황국黃菊 몇 촉을 사고
엽서 몇 장도 샀다

그리고는
그리워해야 할 몇 사람의 주소를 더듬어 본다
얼굴들이 덜컹거린다
막상 그리워 할 사람은 없는데 불러내려 하니 답답하다
가슴만 쿵쾅거린다

눈을 비빈다
그래도 침침해지기에
독주 한 잔을 목구멍으로 밀어넣는다
고산高山 지대의 단풍빛으로 변한다
느낌이 색으로 변하는 순간이다

가을을 양념하기 위핸 식단을 짜야 한다
대구지리처럼 시원하게 할 것인지

아니면 매운탕처럼 얼큰하게 할 것인지
아니면 삼숙이탕처럼 어리어리하게 할 것인지
그것도 식상하면 한식상에 올리는 야채처럼 정숙하게 해야 할지 종잡기 어렵다

활자 냄새가 나는 신간新刊의 머리말을 더듬는다
올 가을 햇살은 사기꾼의 혓바닥 같은 것이라는 화두話頭가 눈에 잡힌다
젊은 작가들이 빚어 놓은 단어가 땅 속에서 파낸 굼벵이처럼 꿈틀 거린다
하얀 굼벵이를 가을과 같이 양념을 해도 괜찮을 거라는 생각을 해 본다

아!
나의 가을이 일찍 서리를 맞은 나뭇잎처럼 서늘해진다
이미 가을을 얼큰하게 양념하며
그리워해야 할 사람을 모두 지우고 있었다
그러면서 나도 내 안에 없을 것 같다는
허무虛無도 함께 버무리고 있었다

처서處暑를 지날 무렵

처서를 지난 염천 하늘에서 까마귀 날아든다
따가운 햇살에 주녹이든 목소리가 굴절을 했다
까아악, 깍- 까악--
목쉰 소리에 감동했는지 코스모스 한 송이가 잠을 깬다
풀섶에서 잠자던 메뚜기 한 마리 펄쩍 뛰어 오른다

숲 속이 수상하다
이마를 베낄 듯한 열기가 허공에서 회오리친다
까마귀 울음소리가 녹슨 청동 종소리처럼 둔탁해진다
깍- 까악- 까아악
정숙하던 여울물이 요염한 몸짓을 시작하고
숲 속에선 무엇엔가 놀란 꾀꼬리가 긴급한 신호를 보내왔다

시들시들한 풀잎들도 소나기를 기다리는지
시퍼런 하늘에 눈길을 준다
구름 몇 송이가
서툰 몸짓을 하며 흘러가고 있다

숲속도 벌판도 여울물도
아무렇지 않게 조금씩 변하고 있지만
그러나
변한다는 사실을 아무도 눈치 채지 못하고 있다

빗소리 붉다

삼십 년쯤 후에
태풍의 눈 같은 외로움이 밀려올 거라는 전갈傳喝이다
두근거리는 외로움을 마주하기 위해 강가로 갔다

노을빛이 사랑하는 여인의 숨소리다
드디어
숨이 넘어갈 한계점까지 외로워지고 싶었다
발자국 찍힌 자리에 빗소리 고인다
소금처럼 새파랗다
소금처럼 풀어진다

부서지면서
때로는 풀어지면서 사는 게 우리들인데
그대는 부서지기 위해 강가에서 노을을 만나는가
이런 화두는 너무나 초라해 보인다

칼날 같은 칠월의 빗소리 듣는다
맨드라미처럼 붉다
빗소리가 빚는 언어는 절망적이다
양귀비의 속곳처럼 붉다

무심하다

우리 집 빨랫줄에 아내와 내 옷이 펄럭인다
한때는 부부 옷과 두 명의 애기 옷이 펄럭였다

시간이 지나면 한 사람의 옷만 펄럭일 거고
또 시간이 얼마만큼 지나면 텅 빈 빨랫줄에는 바람만 그네를 탈 게다

그 사실을 아버지와 어머니도 알고 있었고 나와 아내도 알고 있다

그러나
모두들 무심하다

대합실에서

사람으로 북적거렸다
외로움을 한 짐 씩 이고 지고서 길을 떠나고 있다
나 또한 어쩔 수 없이 고독이란 짐을 부려놓기 위해 집으로 가는 중이다
창밖에는 침묵처럼 두꺼운 눈발이 내리고 있다
처절한 외로움과 대면키 위해 길을 나섰지만 만난 것은 허공뿐이다

화력을 다한 장작 난로가 피식거린다
내 모습과 비슷하다는 생각을 해본다
창 밖에는 눈발이 여전히 흔적을 지우고 있다
그리움의 높이만큼 눈이 쌓여
세상의 길이란 길이 모두 사라졌으면 좋겠다는 생각을 해본다

눈발은 피어나는 꽃보다도
가을 낙엽보다도 무거운 중력을 지닌 듯했다
대합실 손님들이 하나 둘 줄어든다
카톡이 왔다

친구가 세상을 떠났다는 전갈이다
아득해졌다
때로는 방랑과 방황이 필요하다고 생각했는데
오늘은 길 한쪽 끝에 서서
반대쪽 끝에 놓인 인연들을 무서워한다

눈이 내린다
쉰 목소리의 안내방송
막차는 대설 관계로 올 수 없단다

봄감기

목이 칼칼하더니 콧물이 나오고 신열이 솟구친다
다른 세상에 온 듯 몽롱해지고
먹고 싶은 것도 그리운 사람도 아득해진다

하늘과 땅이 한 덩어리 되어 회전을 하고
땅 속 깊은 곳에서 폭발하는 용암처럼
기침을 토해낸다
이제 나는 내가 아닌 듯
누군가가 내미는 손을 잡는다

잠시 쉬어가라는 신호였구나
빨간 신호등이 눈에 어른거린다
뜰에는 춘삼월 붉은 동백이 피고
선혈을 토해내듯 뚝뚝 떨어지고
햇살 눈부신 양지녘엔 풀잎들이 아우성친다

아, 황홀한 감기여
온몸에 불을 지르는 감기여 네 덕에 황홀한 봄날을 온몸으로 마시는구나

분꽃 씨를 받으며

씨앗을 받는다
어찌 보면 눈〔目〕같고
어찌 보면 입〔口〕같고
어찌 보면 귀〔耳〕같고
어찌 보면 심장 같아서 우주를 보려는 듯
무엇인가 들으려는 듯
무엇을 말하려는 듯 쿵쾅거리는 저 심장

손바닥에 올리면
와르르 와르르
우주 구르는 소리
또 다른 세상을 향해 떠나는
기적 소리

낡은 소파

20여 년 전에 구입한 가죽 소파가 있다
처음 들여 놓았을 때는 황소 울음소리로 시끄러웠다

초원을 누비던 황소를 예리한 칼로 가죽을 벗겨
칼날이 너무 파래서, 아픈 줄도 모르고 가죽을 내어준 황소
낯선 사내의 등받이가 되자, 너무 놀라 밤마다 울었었는데

울음소리에 등을 비비며
이십 년을 지내다 보니
황소도 내 살냄새를 그리워하고
나 또한 황소 등에 기대어 낮잠도 잤다
어느새 잠든 황소도 귀가 생겨 내 마음을 이해하기 시작했다

울음소리 사라진 거친 날
후줄근한 황소 등판에 기대어 있어도
벌판을 누비던 울음소리
초록빛이다

비오는 날

구부정한 새 발가락 몇 개와
무디어진 개 발자국 서너 개
밑창이 날 듯한 슬리퍼 하나
길 위에 널브러져 있다
떨어진 나의 비듬 한 조각처럼 침묵을 지킨다

뭉개진 빗방울이 길을 지우고 있다
지워지는 길에서 아스라한 물안개가 피어난다
통통 튀어오르는 물방울이
가슴에서 무늬를 만들기 시작한다

잠 속의 물소리

한밤중 잠에서 깨어나 물 흐르는 소리를 듣는다
발치에 놓고 기르던 동양난의 혈관에 흐르는 물소리다
비몽사몽 간에 잠 속의 물소리를 꺼내 본다

아내에게 들으라 하니
옆집 아낙 사랑 나누는 소리라 하고
아들에게 들어보라 하니 먼 곳으로 떠나가는 기적 소리라 한다
허나, 내 귀에는 틀림없는 물소리다

사랑 나누는 소리일 수도 있고
먼 길 떠나는 기적 소리일 수도 있는데
굳이 물소리라 고집할 필요도 없는데
아내와 아들의 귀가 시원치 않다고 나무란다

아뿔싸, 내 귀도 내 뜻을 거스를 수 있는데
내 귀가 제일이라 우기는 고집
질기디 질긴 구두끈 같다는 생각을 한다

제3부

소리사냥

길 위에서 사람을 만나다

길 위로 나서고 싶은 계절이다 그러면서도 사람이 그리워지고 사랑을 주고픈 계절이다 길 위로 나서면 마음이 너그러워지고, 길 위에 서면 마음이 여유로워지는 이유를 가을이 되니 알 것 같다

길로 나섰다
떨어지는 나뭇잎과 아직 체온이 남아 있는 앞서 간 사람들의 울음의 의미를 생각하며 발길을 옮긴다
넉넉할 것도 없고, 넉넉하지도 않은 내 그리움을 햇빛에 젖은 옷을 말리듯 꺼내 놓았다
눅눅하던 그리움의 알갱이들이 탱글탱글하다

수상해 보이던 바람까지도 길 위에 낮게 깔리니 올 가을 내내 길 위에서 밤낮을 보낼 듯싶다

찔레꽃 무너지다

오월이 여물면
찔레꽃은 버려진 소주병처럼 울기 시작한다
하얀 앞니를 드러내며
울기 시작한다

어쩔 수 없이 마주친 나와의 만남
그런 탓인지
무너지는 찔레꽃은 다소곳하다

만남과 헤어짐 모두가
과거라는 시간 속에 묻혀 버리면
천 길 낭떠러지

오월에는 누구나 무너질 수밖에 없나 보다

봄날

삽질을 한다
여인의 속살이 이보다 향기로울까
기억이 아스라하다

봄바람이 낡은 추억을 하늘로 날리는데
아내는 '봄날은 간다' 라는 유행가 한 자락을 밭에 뿌리고 있다

삽질하던 손을 멈추고
밀려드는 우울을 달래기 위해 막걸리 한 사발로 목을 축였다

몇 개의 얼굴을 추억하기 위해
뒤편으로 넘어진 얼굴을 뒤적여 보지만
모두 낯설어 보인다

한때는 낯선 것을 탐하던 시절이 있었지만
모든 게 손을 떠나면 내 것이 아님을 안 후엔
추억들도 모두 낯설기만 하다

햇살 한 무리가 쓰러진 후
흘린 땀방울이
아픔처럼 흙을 뚫고 일어섰다

누가 나를 훔쳐갔다

누가 나를 훔쳐갔다
그는 도둑놈이다
요즈음 진범을 찾아냈다
시간이란 괴물이었다

계절이 바뀔 때마다 나의 가슴 일부가 허물어졌다
누가 나를 허물었다는 생각을 한다
해란이, 명숙이, 진경이, 승원이

모두
범인이 아니다
진범은 내 밖에 있는 도둑이 아니라
내 안에 있었다

안개에 갇히다

봄비 추적거리더니 안개가 세상을 삼켰다
길이 잠기고 산도 들도 호수도 안개 속에 갇히고 말았다
나의 봄을 지켜주던 꽃들도 눈을 감고 있다

어둠의 평화를 느껴보라는 듯 안개가 눈썹에 매달린다
눈썹에 매달린 안개를 털어내며 길을 찾는다
길이라기보다 사람을 찾는지도 모른다
안개 속에 가려져 간 그 무엇인가를 찾아 눈을 밝힌다

아득히 보이는 섬, 숨 죽이고 있는 나무들, 납작 엎드려 있는 물, 젖은 날개를 접고 있는 새떼들…

아득하게 눈에 걸린다

가야 할 길은 아직 안개를 물고 놓지 않았다

앞산이 심상치 않다

앞산은 항상 늦장을 피운다
오 월이나 되어야 아지랑이가 피어오르고, 유월을 지나야 오리나무, 떡갈나무, 신나무, 천덕꾸러기 조팝나무에도 새순이 돋는다
그러나 산 자락에 기대어 사는 사람들은 아무도 불평하지를 않았다

앞산
나뭇가지에는 산자락을 의지해 사는 김 노인의 기침 소리도 걸려 있고
바람난 수경이 엄마의 눈물도 걸려 있고
만장기를 휘날리며 떠난 꽃상여의 울음소리도 걸려 있고
절규하는 낭송가 조규수의 목소리도 걸려 있고
한세상 살다가는 슬픈 시 한 구절도 걸려 있다
그러나
산을 의지해 사는 나무들은 누구도 불평을 하질 않았다

한 줌 사랑도 아까워 움켜잡고 사는
강남이와 복자도, 따끈따끈한 시를 쓴다는 영숙이도, 재인이도

심상치 않은 앞산을 바라보면 벙어리가 될 게다
고작, 구겨진 메모지에 낙서 몇 줄이 위안일 게다

앞산이 심상치 않다
얼음장 밑 물소리도 훔쳐가고
허리에 감기는 바람소리도 잠재우고
바위에 찍힌 물새 발자국도 지워 버린다

앞산의 예언이다

봄이 시작되면
맨 먼저 사람의 가슴에 새싹을 틔우리라
무서운 비밀처럼 펄럭이리라

아버지의 겨울나기

아버지의 겨울은 여닫이 문짝이었다
그때의 겨울을 떠올리며
아버지의 마른기침을 흉내 낸다

아들 한 명, 딸 둘을 가지런히 키워내듯
장작을 가지런히 쌓아 본다
자랑스럽지는 못해도, 초라하지 않게 겨울나기를 하려던
아버지의 겨울은, 항상
장작 패기로부터 시작되곤 했었다
겨울 문턱에서 건조한 공기를 쪼개던, 아버지의
도끼질 소리
푸른 공기가 동구 밖에 퍼지곤 했다

문고리에 손가락이 쩍쩍 달라붙던
그런 겨울은 기억에서 멀다
불러도 한참 거리다
그래서 아버지가 더욱 그리운가 보다

손주를 얻으면서 아버지를 추억했다
허공에 뿌리시던 아버지의 마른기침은, 정작

기침이 아니라
세상살이가 어렵단 신호였었다

장작을 팬다
아버지의 흉내다 어쩌면
세월이 지나면 내 아들도 장작 패기를 하며
나를 기억할 수도 있을 게다

길에서 길 바라보기

길에서 길을 보면 언제나 아득하다
지나온 길은 더 아득하다
산길도 아득하고 물길도 아득하다

눈이 덮인 길은 정말로 깜깜하다
깜깜하기 때문에 차라리 눈을 감아 버린다

길 위에서 어디로 가야 하지? 따위는 묻지 말기로 하자
어디로 가든
길이 끝나는 곳에 도달하면,
보이는 것도 물 흐르는 소리도
구름 흘러가는 하늘도
손바닥 안에 있기 마련이다

첫눈 오는 날

소리 없이 다가왔다
찰나에 가슴팍을 파고드는 어리석음
싸늘하다는 느낌이다
이별의 암호처럼 건네주던 그녀의 입술이 떠오른다

풀잎 위에 내린 눈은 풀잎과 한몸이 되고
길바닥에 떨어진 눈은 뭇사람의 발바닥 밑에서 굳어
져야 했다

공교롭게
폐차장이나 폐타이어 위에 떨어진 눈은
하늘을 날 수 있는 날개를 단 듯
변신을 한다

눈이 어디로 낙하하느냐 하는 문제는
내가 누구를 사랑하느냐 하는
비극의 시발점 같다

겨울남자, 겨울나무

겨울남자가 긴 그림자를 끌며 산에 올라서 겨울나무를 만났다
앙상한 나뭇가지 끝에 종소리처럼 매달린 바람과 새의 울음소리를 들으며 산등성이에 걸터 앉아 한눈을 파는 구름을 바라본다
주먹을 펴도 빈손이고, 주먹을 움켜쥐어도 빈손이다
푸른 하늘을 움켜잡아도 모두 손가락 사이로 빠져나가고, 일그러진 바람만 손바닥에서 미끈거린다

나뭇가지를 건드리면 겨울남자의 허파에서 빠져나가는 숨소리가 난다
"바보 같은 놈"이라 외치니 나뭇가지가 흔들렸다
나무가 겨울남자에게 하는 말인 것 같다

겨울은 동양화처럼 너그럽다
여유가 있어 좋다
잠시 쉬어 간다는 쉼표 같아 좋다
별빛이 나무 발등까지 내려앉을 수 있으니 그 또한 좋다
나무들이 옷을 벗고 있으니 평등해서 좋다
낙엽진 숲에는 비밀을 숨길 수 없다는 것도 좋다

겨울남자는 오늘도 헝클어진 눈동자를 빈 나무 가지에 매달아 놓은 후 하산을 할 게다

나의 사계四季

아무리 무어라 해도 서운하다

친구들은, 너는 여름 끝물쯤 될 거라는 얘기를 하고, 건강검진에서 신체 나이를 체크하면 지난해까지 56세라 하지만, 석연치 않다

거리에서 걸인을 만나면 측은해 보이고, 전철을 타자마자 빈자리를 찾는 중늙은이 아줌마를 보면 안쓰러워 보이는 나

살아가는 일생을 사계四季로 본다면 나는 이미 골바람이 불 때 쯤이라는 생각을 한다

신체적으로는 서서 양말 심기가 신통치 않고, 서슴없이 던지던 유머가 쑥스러워지고, 거리에 흘러가는 여인들을 보아도 흘러가는 물처럼 보인다

올해도 가을이 오는가 싶었는데 소리 없이 떠나고 있다
산다는 것이 무덤덤하다고 생각했는데 반짝 불이 들어 왔다
가을꽃자리를 보니 그 여자가 입던 앞치마 같다
손때가 묻어 가슴이 찡한 앞치마

보랏빛으로 혹은 빛바랜 유행가 가사처럼 내 심장의 가장자리에 놓이는 가을꽃자리

퍼스에서의 오후 다섯 시 반

언제 보아도 아름다웠다
바람이 그려 놓은 곡선이 아름답고, 햇빛조차 눈멀게 하는 바람의 길이 아름다웠다
서호주 사막의 모래는 사랑하는 여인의 눈빛보다 더 황홀하다
드문드문 돋아난 풀은 거친 숨을 몰아쉬며 메마른 공기 속에서 물기를 빨아올리고, 미처 모래가 되지 못한 돌멩이들은 그 옛날 우리들의 약속처럼 둥글둥글해져서 바람을 굴리고 다녔다

사막에 홀리면, 저녁노을이 모래를 물들일 때까지 모래에 발목을 묻게 된다
오후 다섯 시 반쯤 될 무렵이면
자신도 모르는 사이에 붉게 물든 모래알이 되어
알람시계처럼 적막을 깨운다

내가 섬이었을 때

새들이 허공이 되고
손에 잡히던 구름이 눈 밖에 놓이던 날
나는 내 자신이 섬島이란 걸 알았다
섬에는 새들이 하늘로 날아오르고
쓰러지는 바람이 스산하다

사랑이 곁에 없으면 새들도 새가 아니고
구름도 구름이 아니고
때로는 나도 내가 아닐 때
나는 정말로 멀리 흘러가고 있는 섬이었다

한때
저편에 서서 노래도 불렀지만
지금 그 노래는 겨울날 허공에서 부서지는 눈雪
결국 노래는 눈처럼 쌓였다가
따스한 햇살에 의해 분해되고
끝내, 풀잎을 적시는 생명의 발치에 놓이겠지만
나는 섬일 뿐이다

내가 섬이라는 걸 아는 이는
아내도, 아침 이슬 같은 아들 딸도 아니다
내 눈과 귀를 훔쳐간 그 사람도 아니다
섬에서 태어나 섬에서 스러지는 바람이 나의 속내를 엿보았을 뿐이다

정말로 나는 먼 바다로 흘러가는 캄캄한 섬일 뿐이다

내 친구 오남구

추위를 몹시 타던 내 친구, 오남구 시인은 겨울 산에 칩거 중이다

겨울이 싫어 봄노래를 즐겨 부르던, 그러나 음정도 박자도 그저 그런 오 시인의 노래도 동면에 들었다

시詩는 빵이 되지 않는다고 푸념을 하던, 오남구 시인은

꽃을 보면서도 하늘로 튀어오르는 공을 생각했었다

지금, 오남구 시인은 세상과 별거를 선언했지만, 그가 남기고 간 시 속에는 이승의 바람 냄새와 물 냄새가 난다

봄 언덕에 피어나는 꽃의 서슬 푸른 칼날이다

죽어서도 꽃이 되기보다는 나무의 그늘이 되기를 원했던, 오남구 시인

지금

하얀 대지 위에 서 있는 벌거벗은 한 그루의 겨울나무다

눈이 내려, 눈이 부신 겨울 아침에, 그는 우리의 눈目이 되어 준다

나도 봄비 따라 떠나고 있다

꽃송이가 흔들린다
가슴 속까지 하얗게 바랜 눈물방울이다
수런수런 빗소리와 더불어 가는 봄날
그래서
굳게 잠근 문을 연다

두견새가 귀밑까지 내려와 목을 놓는다
울음소리가 토막이 나고 있다
소리를 그림으로 그릴 수 없어
회색빛 허공에 휘파람을 날려 본다

수런수런
봄비와 더불어 봄날이 간다
나도 그들을 따라 떠나고 있다

제4부

나무의 외출

길을 세우다

갔던 길과 가야 할 길이 모두 누워 있다
길에서 만난 사람들도 누워 있고
그 사람들과 나눈 끈적거리는 대화들도
누워 있다

왜 사는지 모르겠다는 생각 때문에
끊어 버렸던 길, 그 길도 누워 있다

지금 나는 누워 있는 길을 세우기 위해
세상을 사랑하기로 했다
햇살 위에 빛나는 길
한때는 내가 나를 사랑했기에
빛나던 길이다

금가루 뿌리듯 조심스럽게
누워 있는 길
곧게 세우고
먼지를 쓸어낸다

나무의 외출

달력 몇 장이 뜯겨져 나가고
초침 몇 개가 부러지고
드디어 시침까지 곤두박질친 후
나무 꼭지에는 서너 개의 바람이 펄럭였다
외롭다는 건
나무가 나무 밖의 세상에 서 있을 때였다

한여름 화려하던 나무는
뱀의 허리처럼 휘어지고
드디어 가까운 길도 아득해졌다

외출을 시작하려나 보다
발걸음이 분주해지고
몇 장의 마지막 메시지에 마침표를 찍고 있다
이젠 시퍼렇게 날이 선 고독을
아침 인사처럼 받아들일 모양이다

가을로 서 있는 나무
이미, 나무는 나무 밖의 세상으로 한 발을 내디뎠다

목수

톱질을 시작한다
우리네 일상의 아픔도 아픔이 아닌 것처럼
목수의 땀방울이 한 방울 두 방울 잘게 부서져 쌓인다
땀방울이 이내 바람 소리로
목수의 가슴에서 변한다

잘려진 부분이 곧은가를 보기 위해 왼쪽 눈을 감고 오른쪽 눈으로 선을 긋는다

대패질을 시작한다
나무의 살점은 죽은 후 더욱 빛이 났다
봄 여름 가을의 변화처럼 색색으로 저며진 살점들이
하늘에 뿌려진다

못질을 시작한다
선과 선이 맞물려 면으로 바뀌고
입체의 공간이 만들어지고
드디어 망치질 소리도 끝났다

죽은 나무의 뼈와 뼈를, 살점과 살점을 연결해
새 생명을 탄생시킨 후
드디어 연장통을 정리해 자리를 뜨는 목수
한쪽 눈으로 세상을 가름해도 올곧은 선을 만드는 목수

생각했다
한 그루의 나무 되기를 기대해도 좋을 듯싶다고
뼈가 잘리고 살점이 대패질을 당하여도
목수의 땀방울을 만나면
하늘에 오를 수 있다는 희망 때문에

노을이 곱던 날

금빛 노을을 물고 산새들이 날아갔다
황새의 부리에서 노을이 빠져 나가려고 파들거릴 적마다
황금빛 노을이 단단해진다
부엌에선 된장찌개 냄새가 뚜껑을 들먹거리고
나의 허기는 두꺼워지는 어둠 속에 잠긴다

어둠에게 시력을 빼앗긴 대신 밝은 귀를 얻으니
노을로 허기를 달랜 산새의 칭얼대는 소리도 들을 수 있다
저물녘 산새의 울음소리는 언제나 심장 벽에 부딪치어
공명을 불러일으키게 마련이다

저녁 식탁 차리기를 기다리던 나도
노을로 배를 채우고 있다
시장끼가 목까지 차오르자
빛과 냄새를 혼합해 본다
새의 울음까지 혼합되는 순간
내 창자는 인내심을 잃고,
여보! 밥 아직도 멀었어요?
소리를 높인다

아내는 물같이 잔잔한 표정으로
무너지는 노을을 가리켰다

무너지는 것

봄날에 무너지는 것이 어디 여자뿐이랴
산이 무너지고
강이 무너지고
때로는 고요하던 바람이 무너지고
요즘엔 시간도 무너져 내린다

사는 것이 별 것이냐고 말을 해도
무너진다는 건 슬픈 일이다

아버지가 무너지고
어머니가 무너지고
아들이 무너지고
선생이 무너지고
학생이 무너지고
종교인이 무너지고
요즘엔 무너져서는 아니 될 사랑마저 무너져 내린다

무너진다는 것이 슬프다기보단
절벽에 서는 느낌이다

잘 가거라 가을아

햇살이 생각보다 엷을 때
손을 흔들어야 했다
애착을 가질 때 눈물 생기듯
손을 흔들어야 할 때 머뭇거리면
얼마나 더 슬픈 일이냐
잘 가거라, 가을아!
손때 묻은 추억들아
그리고 사랑하는 산천과 하늘과 이웃들아
우리는 서로를 알았을 때 눈인사를 나눠도
돌아서면 얼음처럼 차가워졌었지
잘 가거라, 가을이여!

손끝의 지문조차 달고 다니기에 버거운 세상
너는 내 가슴의 꽃이라고 고백을 한들
너는 이미 흘러가고 있는 물이 아니던가
잘 가거라, 가을이여!

그리고 행복하였다는 말을 추억해 다오
그게 너에게 던질 마지막 주문이구나
잘 가거라, 가을이여!

덕진공원에 가면

세상살이 힘들면 전주로 갈거나
간간한 인심도 만나고
덕진공원으로 달려가
혹여, 소나기라도 내리면
연잎에 아롱아롱
수백, 수천 개의 옥구슬
황홀한 어지럼증 맛보리라

사람이 아름다우면
산하도 넉넉하던가
칠월, 연꽃밭에
혹여, 비라도 내려 연잎에 모였다 굴러떨어지는 투명한 구슬을 볼 수 있다면
먼 길도 가까워 보이고
멀리 있던 사랑도 손에 잡히리

더불어 살아도 외로운 세상
칠월, 덕진공원으로 달려가
황톳빛 남도 창 한 자락 곁들이면
드디어 살아 있음의 행복을 맛볼 수 있으리

낮은 곳으로 자리잡는 물방울이여
연잎 위에 쌓였다 낙하하는
삶과 죽음이여!

비로소 찰나의 시간 이 세상의 머무름도 얼마나 엄청난 행운이던가

삼월

삼월은 어중간한 계절
아침 서리처럼 바람은 예리하고
낙조가 붉다

어둠과 친해지기 위해
등불을 밝혀야 했다

그대는 얼마나 외로운가
나무와 풀잎보다 어둠이 일찍 깃들고
산비둘기도 어쩔 수 없어 울고 있는 밤

이토록 허전한 공간 위에
그립던 사람 찾아온다면 얼마나 좋을까

봄날의 언덕

술에 취하지 않고 어찌 봄 햇살을 만지랴
여인의 속삭임 같은 저 햇살을 어찌 감당하랴
뜰에 나서면 가슴을 달구고
창 앞에 서면 불꽃같이 파르르 떠는 저
햇살

가슴 풀어헤치고 용기를 내도
복사꽃으로 피어오르는
어지럼증
어쩌면 좋으랴

꽃은 피는 듯 지고
초록은 흐드러지고
언덕 너머로
자지러지도록 아지랑이 피는데
난 꽃도 아니고 초록도 아니다
한 방울 눈물일 뿐이다

나는 아프다

나는 아프다
바람처럼 왔다가 바람처럼 떠나가는 허무 때문은 아니다
가시를 품고 태어나서 아픈 것도 아니며
그렇다고 가시에 찔려 아픈 건 더더욱 아니다
시인이기 때문에 아프다
시를 품고 태어났기 때문에 아프다

바람 부는 날은 바람 불어 아프고
눈비 오는 날은 눈비 때문에 아프다
바람 속에 시가 있고
눈비 속에 시가 있었다

사람의 숲에 서면 사람 냄새로 아프고
길 위에 서면 길의 끝이 보이지 않아 아프고
흐르는 물을 보면 흘러가는 게 보여서 아프다
삶 속에 시가 있고
길 위에 시가 있었다

시인이기 때문에 안 보일 게 보이고
시인이기 때문에 작은 소리도 들렸다

천형의 아픔이니 어찌하랴
시인으로 태어난 운명
허나, 아플 만큼만 아팠으면 좋겠다

여름 숲

여름 숲은 무뚝뚝한 사내다
단단한 벽 속에 숨겨져 있는 신비로움이다
비온 뒤의 여름 숲은
시끌벅적한 재래시장의 골목일 수도 있다

햇빛 바라기 나무들은 눈만 뜨면 키 세우기 싸움을 하고
발바닥 아래서는 버섯 무리가 땅을 깎아내는 작업을 한다

물을 흠뻑 먹은 뿌리들은
하늘로 오를 로프를 짜고
치렁치렁한 나무 잎새들은 땅을 점령할 음모를 꾸미며
전투병처럼 위장하고 각개전투를 한다

숲이 벽이다
듬성듬성 문이 있는 벽이다

눈을 감으면
일시에 모든 창문이 사라져 버려
도망칠 수 없는 아득함에 갇혀 버린다

풍경風磬을 달며

나무들이 흘러간다
숲이 출렁거린다
한 남자와 한 여자가 울면서 간다
풍경이 그런 소리들을 담고 있었다

산꾼은 산의 울음이 슬프다 하고
뱃사람은 바다의 울음이 섧다 하고
시장 좌판을 지키는 장사꾼은
사람의 웃음소리가 섧다 하였다

풍경소리 속에는
산소리, 물소리, 사람 소리 모두 들어 있어서
풍경은 쇠가 아니라 귀耳다

풍경을 매다는 내 손은
소리를 매달고 있으니
손에 귀를 매달고 있는 중이다

물이 되고 싶다

낮은 곳만을 고집하여 흐르는 물
수평을 고집하는 집념
나 또한 물처럼 눕고 싶다
목소리를 키우며 달리다가도
고요함을 사랑하는 물
우리의 사랑이 저와 같다면 얼마나 좋을까

수만 개의 생명을 길러내고
억겁의 시간, 같은 행동을 반복해도 싫증내지 않는
그러나 새로운 변화를 추구하는 놀라움
저들의 참을성과 개척정신을 보면서 부러워한다
아, 우리의 사랑이 저와 같다면…

누워 있는 물
밤이면 시퍼렇게 눈을 뜨고 일어서는 물
물이 부럽다
물이 되고 싶다

봄꽃

가난이 전부인 나를
봄꽃이 포옹해 준다
목련이 그렇고
개나리가 그렇고
벚꽃이 그렇다

주머니에 먼지가 날려도
행복한 봄날
등불을 켜는 꽃
고맙다는 말이 부끄럽다

시 몇 구절에도
취하는 봄날
나의 행복지수는
하늘이 부럽지 않다

독주 마신 듯
얼큰한 봄빛
온몸이 흐물거린다

길을 닦는다

사내 한 마리가 길을 닦는다
풀어진 신발끈
풀어진 것이 자연스럽다며
자벌레처럼 꿈틀거리며 간다

제 몸길이 만큼 걸어도
평생을 걸어도
결국 신발 몇 켤레지만
그렇게
그렇게 걸어간다

사내 한 마리
자벌레 한 마리
그렇게
그렇게
주어진 시간을 맛있게 먹는다

제5부

귀가, 그리고 모두 절벽

길을 지우다

길은 안개였다

길 위에서 만났던 모두가 안개였다
아버지가 그렇고
어머니가 그렇고
내 아내가 그렇고
애지중지 키운 아들 딸이 그렇다

길을 지워야 한다
어차피 가야 할 길이 안개 속이라면
안개도 지워야 한다
나를 만났던 사람들보다 나를 먼저 지워야 하듯
만났던 사람에게 눈물이 되어서는 안 된다

길을 지운다
발자국을 지운다
사랑을 지운다

나의 족적足跡은 소금기 없는 눈물만 남는다

숲을 떠나는 나무처럼

나무와 나무가 어울려 숲을 만들듯
사람과 사람은 어울려 마을을 이뤘다
나 역시 마을의 한 조각이었다

사람과 사람이 인연으로 묶여지듯
나는 한 여자의 끈에 묶였다
끈은 단단하였다

나무와 나무가 어울려 숲을 이루듯
나도 한 여자와 어울려
꽃을 피우고 씨앗을 빚었다
햇빛의 힘이었다

때가 되니
숲에서 나무가 떠나듯
나도 한 여자를 떠날 게다

떠나는 나무가 침묵을 하듯
나 또한 침묵하며 길 떠날 게다

눈물겹다

담장을 기어오르는 꽃은 언제 보아도 눈물겹다
칠부능선을 기어오른 내 아내를 보아도 눈물겹다
기대어 살아온 슬픔보다
담장 너머의 세상이 그리워
손톱이 갈라지고 땀으로 범벅이 되어도
오르고 또 오르고

담장 너머에는 또 담이 있건만
여린 손끝을 흔들며 담장을 기어오르는 꽃
흰머리 날리며 걸어온 시간을 헤아려 보는 아내
모두 눈물겹다
오르고 또 올라도 하늘은 언제나 저만치 있다

저만치 존재하는 모든 건
슬퍼 보인다
실컷 울어야 응어리가 풀리려는지
능소화 몇 송이 하늘 언저리에 붉다

초록을 식탁에 올리다

싱싱한 녹음을 식탁에 올린다
목련꽃 한 송이
입맛 돋우는 매화 한 송이
초경으로 배앓이를 하는 고향 언덕의 아지랑이도

잡초들은 왜 저리 싱싱할까
봄날이면 되살아나는 식욕처럼
내 혀는 봄 언덕의 초록을 그리워했다
소년 시절 훔쳐보던 이웃 소녀
지금도 내 입안에 향기로운 촉감

회갈로 복회를 뜨듯
봄 하늘을 시식하고 싶은 봄날
미각을 잃었던 지난겨울을 물리고
뜨겁던 젊은 날의 입김을 불러 본다

식탁에는
초록물이 어느 새 흥건하고
내 혀에서도 초록 냄새가 난다

눈이 내리면

눈이 내리면 꼭꼭 걸어 잠근 마음의 빗장을 풀어야지
침침하던 숲 속은 밝아지고
우울하던 풀잎의 그림자도 지워지고
느슨하던 새들도 날개를 펴겠지

눈이 내리면
나무들은 낡은 옷을 갈아 입고
그늘이 점령했던 동토의 제국도 눈부심이 펼쳐지고
숲 속은 신천지가 되겠지

백설의 제국으로 숨어드는 녹슨 바람도
한쪽 손, 한쪽 다리, 더러는 눈과 귀를 잃은 바람도 해방이 되는 백설의 나라
행복한 나무와
빛나는 자유와
넉넉한 꿈이 펼쳐지겠지

눈이 내린다
눈이 쌓인다
세상이 한 덩어리로

하얀 꿈
하얀 평화
모두 한 덩어리

사막의 풀

하늘 한 자락 넘어져야 풀 한 포기 돋아나고
절벽보다 높은 고독 무너져야
나무 한 그루 일어서는 사막

달빛은 사구를 다독이고
바람을 흔들던 깡마른 풀잎은 스스로 운다
석양을 물어 나르던 까마귀 어지럽더니
깡마른 울음소리 모래알에 묻혔다

낡은 시의 한 소절처럼
발자국이 모래 속으로 숨어들면
시퍼렇게 눈을 뜨는
나의 외로운 세포들

풀잎은 어스름 속을 서성거리는
그건 천형의 외로움이다

꽃이 피고, 꽃이 지고

꽃이 핀다
바람이 불고
우리들은 분주하게 삽질을 하는데
언덕에서는 햇살을 반죽하여 풀잎을 빚는다

꽃이 진다
새떼들은 하늘에 길을 닦으며
초록을 물어 나른다
멀지 않아 초록의 세상이 열리면
꿈 하나쯤은 가져야 하는데

꽃이 지고
상흔 같은 흔적 위에
열매가 아득하다

사랑 하나쯤 품어야 하기에
조바심하는 우리
멀리 사라지는 길만 바라본다

꽃이 되리라

새삼스럽지는 않지만 사막에 발을 디디는 순간
꽃으로 환생해 달라는 기도를 할 수밖에 없다
그것도 깊은 곳에 피는 꽃으로

부서진 시간들이 굴러가며
적막을 깨뜨리고
무심히 떠 있던 하늘도 구겨져
저편으로 밀려간 자리
꽃 핀 자리 꽃자리에
내가 누우면 금방 꽃이 될 것 같은 착각이 황홀하기만 하다

발자국을 찍어 놓으면 금방 삼켜 버리고
시간을 모랫벌에 올려놓으면 태초의 세계로 돌아가고
그러노라면 내 껍질은 재가 되고
재가 된 자리에
놀라움의 세상

나는 나부끼는 꽃으로 태어나고 싶다
고독이 화석으로 변한 꽃으로

사막에 묶이다

모랫벌로 들어서면
왈칵 눈물이 솟는다
빈 그릇이 된다

모래 알갱이 구르는 소리와
구름 사각거리는 소리와
고독이라는 반짝이는 세포들이
그릇에 담긴다

끈적거리던 의상
투덜대던 구두
피부 각질처럼 몸을 싸고 있던
이름 석 자
모두 모두 바람에 던져 주면
나는 비로소 사막의 말뚝에 묶이고 만다

비웠는데도
몸은 무겁고
눈물이 펑펑
내 몸 속엔
한 톨의 염분까지 사라져 간다

귀가, 그리고 모두 절벽

현관 앞에서 주춤한다
우리 집이 맞는지, 망설인다
여기 서 있는 나는, 아침에 외출했던 나와 동행했던 인물인지
현관문을 열고 들어서면 나를 반길 사람이 있는지
나날이 새로워지고 나날이 놀라운 세상

현관에 들어서면서 코에 익숙한 체취에 안심하며
옷을 턴다
옷소매를 잡고 따라온 조잡한 언어들과
바짓가랑이를 끌어당기던 유혹들
구두창에 달라붙은 껌 조각까지
탁 ~ 탁~
턱이 떨릴 정도로 두드리며
털어낸다

바짓가랑이에선 먼지와 함께 꽃잎이 떨어진다
와이셔츠에선 보들보들한 입술이 떨어진다
두둑한 배를 지켜주던 저고리 단추가 간들거리더니
이내 고개를 떨군다

있어야 할 것과 떨어져야 할 것들이 현관 바닥에 나뒹군다

집안은 훤하게 보이는데
인기척은 없고 내 발끝에서 자라는 강아지가 달려와
죽는 시늉의 몸짓으로 아양을 떤다

그리고는 모두 절벽이다

달빛

산촌에 뜨는 달 속에는 나무가 있다
그런 탓일까
보름달 속에는 숲으로 무성하다

달이 휘영청
산새들은 선잠을 잔다
우리는 보았다
하늘 가득한 산새의 날개를
펄럭이는 나무의 날개를

달이 밝은 날에는
나무도 숲도 달빛에 눕는다
욕정을 잠재워 주는 여인처럼
달빛은 그렇게 모든 걸 받아들인다

개화

문이 열린다
밖에서 안이 훤하다

살점을 도려내는 아픔인가
산고의 신음소리

문이 열린다
향기가 퍼지고
드디어 슬픔의 길을 열었다

그 해 겨울의 우울

겨울 내내 사과나무 위로 까마귀가 날아들었고
이따금 목쉰 산새들이 울음의 소리를 뿌리곤 했다
내가 뭉클뭉클 치미는 우울을 토해내고 있을 때 까마귀들은 날개를 펴 하늘을 덮었다

우울과 투쟁하는 겨울
아내는 까마귀 울음소리보다 높은 볼륨으로 TV를 켜 놓고, 연속극에 심취해 있었고
겨울 햇빛은 습관적으로 낡은 커튼 사이로 사라지곤 했다
그 해 겨울은 나의 우울증처럼 그렇게 단조로웠다

업신여기듯 어둠은 밤마다 내 우울을 덮어 버렸지만
겨울이 지루하다는 생각을 하지 않았다
언제나 겨울이란 계절은 절망적으로 흐르는 것이라고 생각했기 때문에

누구를 깊이 사랑하여 받은 상처는 없지만
몇 번 목숨과 바꿔도 아깝지 않다며 저울질을 한 적은 있었다

그렇다고 특이하게 건져낼 만한 우울의 건더기는 없는 편이다

그 해 겨울엔 까마귀가 나보다 불쌍하다고 생각했다
나를 닮았다는 생각을 하는 순간 까마귀 울음소리와 목숨을 바꿀 것만 같아 바짝 긴장하기도 했다
매일, 날이 밝으면 사과나무를 모두 베어 버릴 생각을 하며
우울 속에 잠기다가, 결국 꽁꽁 언 우울 한 덩어리를 토해내고 말았다
남도의 외진 섬의 붉은 동백꽃 같은 핏덩이를

핏덩이처럼 뒹구는 꽃잎 하나 내 깊은 심장에 숨어 있던 목숨 한 자락

제6부

아버지와 맨드라미

알라스카에서 온 편지

"잘 지내고 있지?"
"나도 그런대로 잘 지내고 있단다."

영하 50도를 넘나드는 알래스카에서 배달된 냉동 낱말이다
고향 떠날 때 털어 버리지 못하고 떠났던 언어들이 꽁꽁 얼어서 배달되었다

고드름 같은 언어에서 온기를 느끼는 나는 억척스럽게도 그를 가슴에 품고 있었나 보다

물개 털 파커에 오리털 이불을 덮고도 춥다는 그는 추위보다 더 무서운 건 바람이라고 했다
어릴 때 상처 난 손등에 불어 주던 내 입김이 오십 년 지난 지금도 회오리바람처럼 어지럽단다

'한때라도 사랑했었다' 라는 말이 숨어 있을까 하여 되짚어 읽어 보지만
"잘 있느냐, 나도 잘 있다"가 전부다

사랑이 곰삭았는지 "그런대로 잘 지낸다."는 말 한 마디가 마음에 걸려 읽었던 문장을 읽고 또 읽으며 되짚어 읽어야만 했다

혹시라도 놓칠 것 같아 한 점 숨어 있을 듯한 사랑 한 조각을 찾고 있었다

반백이 된 나이라 숨길 것도 없는데 따끈따끈한 말이 왜 그리도 듣고 싶은 것일까

몇 백 편을 썼어도 애송시 한 편 못 쓴 시인이 떠나간 사람에게서 사랑이란 낱말에 기대어 보려는 어리석은 나는 아무래도 너무 착한 것만 같구나

아마도 내일과 모레쯤에도 냉동된 낱말을 입김으로 녹이며 혹시나 숨어 있을 듯한 사랑을 찾고 또 찾아볼 것만 같다

아버지와 맨드라미

가을 옷을 입을 때쯤이면
가려움증이 시작된다
아버지의 기침 소리처럼 나를 긴장시킨다

바람 소리가 아버지 기침 소리처럼 들리기 시작했다

나는 아버지를 닮고 싶었다
허기진 날에도 샘물 한 바가지로도 허리를 곧추세우던 나의 아버지
어린 날에도 우상이었지만
먼 여행을 떠난 지금도 나의 우상이시다
그래서 기억 한쪽 창고에 아버지의 기침 소리를 저장해 두고 있다

어머니는 어릴 적에 나의 가슴을 다듬어 주셨지만
아버지는 내 뼈에 손금을 얹어 주셨다
그런 탓으로 내 뼈에는 화석처럼
아버지의 손금이 새겨져 있다
아버지는 먼 여행을 떠나셨어도
지금도, 가을 햇살에 빛나는 맨드라미빛이다

나의 가을 뜰에는
언제나 맨드라미꽃 흐드러지게 피어
아버지의 기침 소리를 내고 있었다

사람의 마을에 첫눈이 내렸다

어머니 손등 같은 텃밭에도
바람이 할퀴고 간 산마루에도
옅은 햇살로 빚어낸 구절초 위에도
첫눈이 내렸다

아직, 쓰지 못한 엽서도 많은데
몇 개 남은 나뭇잎도 떨어졌는데
첫눈이 내렸다

어젯밤 꿈자리 뒤숭숭하더니
첫눈이 내려
기억해야 될 모든 것을 지워 버렸다
그래서 햇살은
어제보다 밝았다

꽃 속에 잠수하다

비아그라가 무용지물일 때 남성의 자존심이 무너지듯
무성한 여름 숲을 보면서 삶이 서늘하다 느낄 때도 있다

여름의 허리쯤에 서서 삶의 질을 삽질하던 날
꽃의 중심을 들여다 보았다
불끈 서 있는 수꽃술을 보는 순간
대국의 제왕이 된 기분이다

자랑스러웠다
수술이 서 있는 가장자리에 시녀처럼 엎드려 있는 암술들
개선장군을 보는 기분으로 시선을 꽂는다

꽃의 중심에는 천 길 땅에서 솟구치는 바람소리가 들렸고
영원히 잠들지 않는 물소리가 들렸다

페인트칠을 하면서

페인트칠을 하고 있다
여자와 집은 가꿀수록 예뻐진다는 생각을 하며 페인트칠을 하고 있는데 원로시인이 전화를 걸어왔다
전파를 타고온 목소리가 무거웠다
'내가 몸져 누워 보니 건강을 잃으면 모든 걸 다 잃는다는 말이 새삼스럽네
명성과 부귀영화 모두 허허로운 일이었다네'

나는 지금 집을 가꾸고 있다
페인트칠을 하고 있다

집에 페인트칠을 해 보았자 위장술에 불과하단 생각이 나를 흔들었다
예쁜 여자를 탐하던 젊은 시절
멋있는 집을 욕심내던 꿈이 부끄러웠다

페인트칠은
허물 가리기
페인트칠은 위장술…

손목에 힘이 빠져 붓을 놓치고 말았다
나는 결국 평생 페인트칠을 하며 살아온 것이다
부끄러웠다

길이 허물어진다

겨울비는 안개를 데리고 다녔다
칼바람 부는 날 외투를 입듯 산과 들은 안개를 외투처럼 걸치기 시작했다.
오겠다는 사람은 전갈도 없는데 길은 안개에게 먹혀 버리고 가로수마저 숨을 몰아쉰다
낡은 계절 위에 내리는 빗소리는 통증처럼 가슴에서 질퍽거린다

앙상한 나뭇가지에 부딪치던 안개가 갈라지고 있다
갈라진다는 것은 소리를 동반하게 마련인가 보다
"싸아- 싸아!" 안개의 알갱이들이 흩어져 계곡으로 쏟아져 내렸다
사람도 헤어질 때는 울음을 토하는데 "싸아-, 싸아!"하는 소리는 안개의 울음인 듯싶다

갑자기 연전에 메모 한 장도 없이 야반도주한 사랑의 채무자 생각이 났다
지금쯤 나비나 혹은 파랑새가 되었을 그는 봄이 오기를 기다리는지도 모를 일이다

안개가 걷히면 길이 살아나듯 그도 다시 살아날지도 모를 일이다

길이 허물어진다
안개가 길을 삼키고 있다

한 편의 수필처럼 서 있던 꽃

나는 가끔 허름한 어느 집 모퉁이에 우두커니 서 있던 유도화를 생각한다

보는 사람도 없고, 보살피는 사람도 없는 것 같은데, 정직하게 피어 있는 꽃을 보면, 말없이 솟아난 손주의 앞니를 떠올리게 된다

무료하거나 사랑할 대상이 마음에 잡히지 않을 때, 염천炎天 아래 한 편의 수필처럼 서 있던 유도화를 불러들인다

결코 침묵하는 것만은 아닌 듯싶다

낡은 안경처럼 사물이 눈앞에서 멀어져야 본래의 영상을 바라볼 수 있는 아둔한 안목眼目이지만 그래도 그런 눈이 있음을 고맙게 생각한다

오늘은 내 가슴에 흐르던 시간이 잠시 정지된 상태다

그런 연유로 낡은 집 모서리에 서 있던 7월의 유도화가 또 한 번 마음 속에서 붉게 핀다

낙산홍

5년 전의 일이다
나뭇잎이 다 지고나면 허전할 거라는 말을 들으며
낙산홍을 심었다
사람이 그리울 때
대문을 두드리는 사람이 없다면 얼마나 허전할 거냐며
낙산홍 심기를 권유 받았는데
올 가을
불을 밝혔다
손자의 재롱을 보는 듯한 찰나다

날이 새면 빛이 엷어지는 촛불이 아니라
대낮에도
눈이 부신, 젊은 날의 사랑 같은
눈부심
얼마나 오래 살아야
이 혼란스러운 붉은빛을 기억에서 떨칠 수 있을까

햇살이 비치면
망막이 탈 듯한
태양의 흔적이다

우리는 물처럼

산을 허물고
길을 허물고
바위를 뚫고
새로운 길을 만드는 물
글을 쓰는 우리는 물처럼 단결하고
물처럼 넉넉해지고
물처럼 성깔도 부리며 살아야 한다

여름이면 우리 가슴은 불덩이가 된다
글 쓰는 우리를
담금질하기 위해서이다
더 강하게 일어서기 위해서는 차가운 물 속에
불덩이 가슴을 담가야 한다

지나온 길은 되돌아가지 않는 물처럼
그렇게 앞을 보며 달려야 한다
길이 막히면 고함을 치고
길이 넉넉해지면 조용히 명상하는 물
바다에 도달할 때까지 그렇게 인내해야만 한다

물처럼
투명하게 그렇게 처절하게 맑아야 한다
물처럼 그렇게 용감해야 한다
물처럼 그렇게 명상에 잠길 여유를 지녀야 한다
물처럼 그렇게 예리한 칼날을 지녀야 한다

가평에 가면 연인산이 보인다

북한강을 허리에 끼고 대성리를 지나면
가을 벌판에 피어오르는 연기처럼
낮은 목소리로 살아가는
사람의 마을, 가평이다
굽은 소나무
외롭게 북면을 지키는 노루목을 지나면
눈썹에 걸리는 연인산

고작
1,068미터의 산이라 해도
민초의 못 이룬 사랑이야기가 있어
가슴 허전한 사람도
모두 보듬어 주는
연인산은 우뚝하다

샛노란 복수초로 봄을 알리고
양지꽃, 금낭화와 엘리지 피면 봄은 여물고
산목련 향기에 넋을 잃기도 하지만
동자꽃, 칼잎용단 필 때쯤

산호랑나비, 사향제비나비, 물결나비
춤 솜씨 눈이 어지럽다

투구꽃 피고
오색딱따구리, 때까치, 원앙새 숲에 들고
녹색군단이 야전군처럼 포복을 시작하면
연인산은 시나브로
한 편의 서정시
누가, 사는 것이 시들하다고 했던가
누가, 사랑을 고행이라 했던가

고광나무, 찰피나무, 말발도리, 귀룽나무, 참갈매나무
때로는 신나무, 잎을 보면서 마음을 다스리면
사람에 지친 사람은 소태나무잎을 씹어 보면서
팔 벌리고 하늘로 솟는 층층나무를 바라보아라
가슴을 열면 답을 얻어내리라

연인산이 거기 있다
동사리, 종개, 쉬리가 물보라보다 싱싱하고

밤이 깊어 떡갈나무 숲에 들면
수리부엉이, 올빼미 소리에 귀를 내 주면
둔탁하던 심장은 계곡물이 되리라

하늘마저 찌르는 잣나무
쪽동백 가지에 매달린 햇살을 보노라면
사람과 사람의 관계도
흐르는 한 줄기 바람이어라

그리운 사하라 사막

바람은 메마른 땅으로 몰려가는가 보다
사람들은 마른 입술을 그리워했지만
사랑한다는 낱말 위에 성냥불을 그으면
활활 불이 붙을 것 같은 사막이다
사막에는
항상
자신의 사랑 깊이를 아는 사람들이 모여 들었다
알라신은 그래서 거기 있었다

목에서 유황냄새가 나도
마지막 남은 물 한 방울을 나눠 주는 마음이 거기 있다
알라신은 하늘에 있지 않고
땅에 있었다, 사람과 더불어 한 몸으로 있었다

사막 한가운데 서서 방향을 잃었을 때
목줄기에 불이 붙을 때
어머니 같은 손이 모래벌판에 있었다

낙타도 당나귀와 염소도
모두 같은 지면 위에 수평으로 서 있었다

명함을 만들며

정년퇴직을 하고 나니, 명함에 올릴 직함이 없다

전직 ***이라 써 보았지만, 우스운 이야기다 그렇다고 빈 칸으로 이름만 새기자니 무엇인가 허전하고, 그래도 집에서는 집안을 대표하는 가장이니, 가장이라고 쓰자니, 그것도 평범하고…

외국을 나다닐 때는 간단하였다

"리타이어-"라 쓰면 그것으로 만족한 편인데…

그러던 어느 날 눈에 번쩍 띄는 사람을 만났다

내 일기장에는 2009년 8월, 스리랑카라 쓰여 있었다

생명을 만들어 내는 마술사!

농부!

그의 근육과 뼈에서 땀방울이 솟구치고 있었다

그렇다 나의 마지막 직함은 농부, 이것이 가장 적합하리라

스리랑카의 한적한 곳에서 만났던, 검은 피부의 그 사람

백색 피부, 황색 피부, 흑색 피부!

그들의 심장에서 솟아오르는 땀방울은 모두 투명하였다
그걸 깨닫기까지 꽤 먼 길을 달려왔다

하찮은 이것
이것을 모르고 세상을 떠나는 사람도 꽤 많은 성 싶다

내 명함에 쓰인 농부란 직함
눈이 부시다

웃는다

바다 위에 떠 있었다
돌섬 옆을 지날 때 사진을 찍는다 한다

웃으란다
웃는다
찰칵— 찰칵—
웃음이 카메라에 담겼다
사발에 담긴 냉수처럼 멀쩡하다

웃음을 담을 수 있는 그릇은 없는데
카메라는 웃음을 담는다

웃으라 한다
웃는다
찰칵—
찰칵—

바다 위에 떠 있었다
돌섬 옆을 지날 때 사진을 찍는다 한다

웃으란다
웃는다
찰칵— 찰칵—
웃음이 카메라에 담겼다
사발에 담긴 냉수처럼 멀쩡하다

웃음을 담을 수 있는 그릇은 없는데
카메라는 웃음을 담는다

웃으라 한다
웃는다
찰칵—
찰칵—

김용언의 시세계

시인의 스토리텔링과 키워드

유 한 근
(문학평론가, 인간과문학 주간)

시인 박재삼은 김용언 제1시집 《돌과 바람과 고향》을 읽고 "김용언의 시는 우선 어렵지 않아서 쉬 이해가 가는 그런 작품이다. 현대시라는 허울을 둘러 쓴, 자기도 모를 시가 판을 치고 있는 세상에 마치 우리의 초가집을 보듯 다정하고 그리운 생각이 든다.(…) 그러나 그가 망해 가는 잘못을 붙들고 있어 이것이 의연한 자세와 고결한 뜻을 지니게 했다고 믿는다"(〈쉬운 시가 더 어렵다〉에서)라고 평하고 있다. 이에 반해 정대구는 이 시집의 발문에서 "김용언의 시정신은 선비정신이요, 시적 자세는 거사풍의 자세다"(〈고향 그리고 자연합일〉에서)라고 평한다.

박진환은 제2시집 《숨겨둔 얼굴》을 읽고 "그의 시는 이 사랑의 시각에 많은 시편들이 잇대어 있는 동질성을 그 발상 근거로 하고 있음을 보게 된다"고 말한다.

이영걸은 제3시집 《너 더하기 나》에서 그의 시를 "다양한 소재를 평면한 문체에 담는 그의 시는 삶과 자아에 대한 성찰을 주요 관심으로 삼는다. 이러한 성찰은 특정한 상황이나 서경에 밀착된 사우로 표현되는 만큼 인생론적 감회와 예지로 끝난다"(〈성찰과 예지〉에서)라고 평가한다.

홍기삼은 제5시집 《휘청거리는 삶》의 평에서 "그의 시적 토대를 이루는 것은 불변의 가치에 대한 사랑이다. 과거에 대한 동경도 외경의 언어도 그 모든 것을 결국 삶에 대한 사랑과 신뢰 회복에 바쳐진다는 사실을 파악한다면 그의 시를 바르게 파악하는 첩경에 이를 것"(〈고독과 유형지의 시〉에서)이라는 지침을 준다.

이명재는 제7시집 《당나귀가 쓴 안경》에서 그의 시를 "어느 시인에 차별화된 개성과 섬세하고 예리한 시안詩眼을 지닌 채 독자를 미지의 세계로 이끈다. 그의 시편들에는 소탈하고 진솔한 자신의 인품에서 우러나는 따스함과 고뇌들이 담겨 있다"(〈고뇌를 통한 사막의 시 미학〉)고 평한다.

조명제는 제8시집 《백양나무 숲》의 발문에서 "김용언 시인은 일상적 현실의 문제를 날카롭게 포착하여 때로는 리얼하게, 때로는 상징적 비유로 신비주의적 분위기를 가미

하며 시를 끝까지 읽어 나가게 만드는 마력적 형성력을 보여준다. 이는 그의 예사롭지 않은 밀착적 체험과 사물에 대한 무서운 통찰력, 존재에 대한 깊은 사유, 그리고 시적 담론을 끌고 가는 유혹적 언술 능력에 기인하는 것으로 보인다"(〈일상의 발견과 시적 체현〉에서)고 평가한다.[1)]

이러한 김용언 시에 대한 평가를 종합하면 그의 시에 대한 특징을 알 수 있을 것이다. 하지만 필자는 위의 평가에 대한 공감 여부를 떠나 시집의 키워드인 시어 '길', '사막', '외로움', '도시', '어둠' 을 붙잡고 그의 시 속으로 들어가려 한다. 특히 김용언 시인이 자주 사용하는 시어 '길' 과 내면을 표상하는 시어인 '사막' 을 화두로 삼아 그의 시를 탐색하려 한다.

김용언은 시 〈밥알을 줍다〉에서 "밥그릇의 밥알을 세고 있다가/우연히 밥알의 꿈틀거림을 본다/밥알도 때로는 詩가 될 수 있다는 그들의 밀담을 듣는다/그래서 상위에 떨어진 밥알을 정성껏 줍는다"(3연)라고 노래한다. "詩가 될 수 있다는 그들(밥알)의 밀담"은 1,3연에서 보여주고 있는 '생명' '사랑의 씨앗' '때로는 그리움' 이다. 그리고 '비극의 씨앗' 이라 할 것이다.(시 〈밥알을 줍다〉에서)

그리고 한편으로 시 〈나는 아프다〉에서 시인은 "나는 아

1) 김용언 시선집 《사막을 횡단하는 당나귀》의 발문 '김용언의 시세계' 에서 발췌

프다/바람처럼 왔다가 바람처럼 떠나가는 허무 때문은 아니다/가시를 품고 태어나서 아픈 것도 아니며/그렇다고 가시에 찔려 아픈 건 더더욱 아니다/시인이기 때문에 아프다/시를 품고 태어났기 때문에 아프다//바람 부는 날은 바람 불어 아프고/눈비 오는 날은 눈비 때문에 아프다/바람 속에 시가 있고/눈비 속에 시가 있었다//사람의 숲에 서면 사람 냄새로 아프고/길 위에 서면 길의 끝이 보이지 않아 아프고/흐르는 물을 보면 흘러가는 게 보여서 아프다/삶 속에 시가 있고/길 위에 시가 있었다//시인이기 때문에 안 보일 게 보이고/시인이기 때문에 작은 소리도 들렸다//천형의 아픔이니 어찌하랴/시인으로 태어난 운명/허나, 아플 만큼만 아팠으면 좋겠다"(시 〈나는 아프다〉 전문)고 이 시집의 서문을 대신하는 '시인의 말'처럼 비창하게 토로한다. 시인이기 때문에, 시를 품고 태어났기 때문에 천형의 아픔처럼 아프다고 말한다. 그래서 신인이기 때문에 자연의 모든 것을 볼 수 있고 들을 수 있어 그 속에서 시를 끌어낸다(?)고 토로한다.

1. 길, 어둠, 그리고 도시

김용언은 서정시인인가? 아니면 이미지스트인가? 이런 질문은 어리석다. 이 질문은 어리석지만 먼저 화두처럼 던지는 것은 김용언 시의 특성이 한국시의 새 장을 여는 키워드가 될 수 있을 것이라는 예감 때문이다. 그러나 필자는 김용언 시를 읽어나가면서도 지속적인 의혹을 갖게 될 것 같다. 그의 시의 겉모습은 이미지스트이지만, 안은 서정시인적 특성을 지니고 있기 때문이다. 앞서 제시한 이 시집의 키워드인 시어들만 보아도 김용언 시는 전통 서정시인들의 제재전통을 계승하고 있음을 알 수 있기 때문이다.

막차가 떠나고
버스 정류장의 외등도 꺼졌다
나는 어둠과 눈을 마주한 채 체온이 사라진 의자에 앉아 있다
내일 아침 첫차로 올 것이라는 기대감 때문에

사실, 올 사람은 나밖에 없다는 걸 이미 알고 있다
그러나 기다려 볼 참이다
기다림이 없는 삶은 얼마나 메말랐던가
그래서, 차를 타지도 않을 나
그래서 오지도 않을 나를 마중하기 위해
버스 정류장의 의자를 지키는 중이다

체온이 식어 버린 빈 의자
누군가 버리고 간 차표와
허탈감 몇 조각만이 어둠 속에 잠기고 있다.

– 시 〈의자를 지키는 이유〉 전문

〈의자를 지키는 이유〉은 막차 끊긴 심야가 시간적 배경이고, 공간적 배경은 버스 정류장의 의자이다. 그 의자에서 시적 화자는 "차를 타지도 않을 나"를, "그래서 오지도 않을 나를 마중하기 위해" 기다린다. "기다림이 없는 삶은 얼마나 메말랐던가"를 되 뇌이며. 그것이 이 시의 제목이 의미하는바 '의자를 지키는 이유' 이기도 하다.

그런데 여기에서 문제가 되는 것은 '의자' 가 표상하는 바인데, 그 의자는 위 시의 마지막 연에서 "체온이 식어버린 빈 의자"로 인식된다. "누군가 버리고 간 차표와/허탈감 몇 조각만이 어둠 속에 잠기고 있"는 의자로 표상된다. 버스 정류장 의자는 떠나는 차를 기다리는 용도로 사용된다. 누군가를 기다리는 의자이지만, 떠남을 준비하는 의자이다. 그러나 시적 화자는 떠나기보다는 부재인 자신을 마중하기 위해 기다린다. 내일 첫차로 올 것이라 의자에 앉아 기다린다. 체온이 식어버린 죽음의 의자에서 허탈감을 갖고. 그렇다면 사무엘베켓의 〈고도를 기다리며〉의 '고도' 를 기다리는 것인지. 아니면 삶의 본질과 유한함, 언어의 한계성이라는 시인으로서의 무겁고 진지한 그 무엇을 허탈한 마음으로 기다린 것인지는 알기 위해서는 다른 시 작품을 보아야 할 것이다.

정류장은 길의 시작과 끝 그 중간에서도 있다. 정류장은 길과 길로 이어져 있다. 그러나 시어로서의 '길' 은 단순한 정류장을 잇는 길이 아니라, 인생의 여로, 그 길을 표상한다. 김용언 시인은 시 〈길에서 길 바라보기〉라는 시의 첫 행을 "길에서 길을 보면 언제나 아득하다"라고 토로한다. 자신의 가야 할 길을 길 위에서 보면 아득함을 느낀다고 노래한다.

> 길에서 길을 보면 언제나 아득하다/지나온 길은 더 아득하다 산길도 아득하고, 물길도 아득하다/눈이 덮인 길은 정말로 깜깜하다/깜깜하기 때문에 차라리 눈을 감아 버린다/길 위에서 어디로 가야하지? 따위는 묻지 말기로 하자/어디로 가던 길이 끝나는 곳에 도달하면,
>
> 보이던 것도, 물 흐르는 소리도
> 구름 흘러가는 하늘도
> 손바닥 안에 있기 마련이다
>
> – 시 〈길에서 길 바라보기〉 전문

이 시에서 독해의 핵심은 "아득하다"는 시어다. '아득하다' 의 사전적 의미는 감각적인 측면에서는 ① "보이는 것이나 들리는 것이 희미하고 매우 멀다"는 의미로 까마득하다와 동의어로 사용된다. 그리고 사념적으로는 ② "까마득히 오래되다"는 시간적 의미를 내포하고 있으며, 정신적으로는 ③ 흐려진 상태인 막막하다와 동의어로 사용된다. 이 시에서의 '아득하다' 는 2연의 "눈이 덮인 길은 정말로 깜

깜하다"를 볼 때, ①과 ③의 '아득하다'로 보아도 좋을 것이다. 그러나 1연의 "지나온 길은 더 아득하다"라는 시행에서는 ② "까마득히 오래되다"라는 말과 가깝다. 이렇듯이 시에서의 '아득하다'라는 시어는 이 모두를 의미망으로 지니고 있다고 보아야 할 것이다.

그러나 이렇게 아득하기만 한 길도 "끝나는 곳에 도달하면,/보이던 것도, 물 흐르는 소리도 /구름 흘러가는 하늘도 /손바닥 안에 있기 마련이다"라는 마지막 연을 읽으면 이 시에서 말하고 있는 길의 의미는 '인생의 길'이다.

"길은 안개였다"로 시작되는 시 〈길을 지우다〉에서 '길'은 삶의 길을 의미한다. "길 위에서 만났던 모두가 안개였다/아버지가 그렇고/어머니가 그렇고/내 아내가 그렇고/애지중지 키운 아들딸이 그렇다"가 시인의 자연인으로서의 삶, 그 길을 가리킨다. 그 길을 시적 화자는 "길을 지워야 한다"고 인식한다. "어차피 가야 할 길이 안개 속이라면/안개도 지워야 한다/나를 만났던 사람들보다 나를 먼저 지워야 하듯/만났던 사람에게 눈물이 되어서는 안"되기 때문에 지워야 한다고 노래한다. 그래서 시적 화자는 "길을 지운다/발자국을 지운다/사랑을 지운다" 그리고 끝내는 "나의 족적足跡은 소금기 없는 눈물만 남는다"라고 노래한다.(시 〈길을 지우다〉 전문 인용) 그것은 아마도 죽음이라는 보편적 인간의 길을 염두에 둔 상상일 것이다.

〈길을 지우다〉와 궤를 같이하는 시가 〈길이 허물어진다〉이다. 이 시는 "겨울비는 안개를 데리고 다녔다"로 시작하여 "길이 허물어진다/안개가 길을 삼키고 있다"로 마무리된다. 이 시의 본문은 이렇다. "칼바람 부는 날 외투를 입듯 산과 들은 안개를 외투처럼 걸치기 시작했다/오겠다는 사람은 전갈도 없는데 길은 안개에게 먹혀버리고 가로수마저 숨을 몰아쉰다/낡은 계절 위에 내리는 빗소리는 통증처럼 가슴에서 질퍽거린다/앙상한 나뭇가지에 부딪치던 안개가 갈라지고 있다/갈라진다는 것은 소리를 동반하게 마련인가 보다/"싸아— 싸아!" 안개의 알갱이들이 흩어져 계곡으로 쏟아져 내렸다/사람도 헤어질 때는 울음을 토하는데 "싸아—, 싸아!"하는 소리는 안개의 울음인 듯싶다//갑자기 연전에 메모 한 장도 없이 야반도주한 사랑의 채무자 생각이 났다/지금쯤 나비나 혹은 파랑새가 되었을 그는 봄이 오기를 기다리는지도 모를 일이다/안개가 걷히면 길이 살아나듯 그도 다시 살아날지도 모를 일"(시 〈길이 허물어진다〉에서)이라고 묘사된다. 길을 삼키는 안개, 그 안개를 데리고 다니는 겨울비. 그 안개를 가르는 앙상한 나뭇가지 등의 사물의 이미지가 유기적으로 구조되어, 안개가 의미하는 바 "야반도주하는 사랑의 채무자"같은 삶의 부채로 인한 울음을 그리는 한편, 허물어지는 길을 살려내는 나비와 파랑새 같은 길을 따라올 존재를 기다린다. 이 시는 시

〈의자를 지키는 이유〉에서의 '고도'와도 비슷한 존재일 것이다.

김용언의 시 중에는 '길'을 모티프로 한 시들이 여러 편 있다. 위에서 살핀 시 〈길에서 길 바라보기〉, 〈길을 지우다〉, 〈길이 허물어진다〉 이외에도, 〈길을 세우다〉, 〈길을 닦는다〉라는 시 제목 속에 '길'이 나오는 시 말고도, 여러 편의 시 속에 길의 이미지가 등장한다. 이 중 시 〈길을 세우다〉를 보자.

> 갔던 길과 가야 할 길이 모두 누워 있다 길에서 만난 사람들도 누워 있고 그 사람들과 나눈 끈적거리는 대화들도 누워 있다 왜 사는지 모르겠다는 생각 때문에 끊어 버렸던 길, 그 길도 누워 있다 지금 나는 누워 있는 길을 세우기 위해 세상을 사랑하기로 했다
>
> 햇살 위에 빛나는 길 한때는 내가 나를 사랑했기에 빛나던 길이다
>
> 금가루 뿌리듯 조심스럽게 누워 있는 길
>
> 곧게 세우고 먼지를 쓸어 낸다
>
> – 시 〈길을 세우다〉 전문

모든 길은 누워 있는데, 그 길을 세우기 위해서는 세상을 사랑해야 한다는 시이다. 자신의 삶을 사랑해야 한다는 잠

언적 의도가 함유되어 있다. '길'의 중의적 의미와 잠언적인 의미가 새롭게 인식되어 이 시를 돋보이게 한다. "햇살 위에 빛나는 길/한때는 내가 나를 사랑했기에/빛나던 길"을 "곧게 세우고/ 먼지를 쓸어 낸다"는 시이다. "금가루 뿌리듯 조심스럽게/누워 있는 길"를 금빛처럼 빛나게 하기 위해서는 "곧게 세우고/먼지를 쓸어"내야 한다는 인식은 다분히 철학적이고 감각적이다. 시인은 그 길을 시 〈길을 닦는다〉에서는 '닦는다'라고 시어로 표현한다. "사내 한 마리가 길을 닦는다/풀어진 신발끈/풀어진 것이 자연스럽다며/자벌레처럼 꿈틀거리며 간다"라고. 첫 연에서 '사내 한 마리'로 시적 화자를 비하시키고, 이에 따라 "제 몸 길이 만큼 걸어도/평생을 걸어도/결국 신발 몇 켤레지만/그렇게/그렇게 걸어간다"고 자신의 삶을 아이러닉하게 표현한다. 그리고 마지막 연에서는 "사내 한 마리"와 "자벌레 한 마리"를 등가치로 놓고 "그렇게/그렇게/주어진 시간을 맛있게 먹는다"(시 〈길을 닦는다〉에서)고 자조한다.

시 〈어둠에 잠기는 사막 도시 1〉의 첫 행은 "길이 넘어진다"로 표현한다. 사막과도 같은 도시의 길은 "우리들의 약속도 어둠에 잠기고/사랑한다던 맹세도 눈을 감"기 때문에 길이 넘어진다고 인식하고 있는 것이다. 그러나 고향의 길은 "어둠이 내리면/고향의 추억은 손에 잡히고 어머니 음성은 목에 걸린다//고향집 굴뚝에 피어오르던 연기도 어둠 속으로 풀어지면/문창호지에 얼비친 낮은 목소리 도란거린다//그 소리 들린다//늦장 부리던 한 줄기 빛까지 사라지면/지상엔 어쩔 수 없이 평온이 오고/작은 소리도 크게 들리고/낮은 곳으로 모이던 바람 소리만 귀를 세운다"고 시적 화자는 인식한다. 그것은 도시의 어둠과 고향의 어둠이 다르기 때문에 "길이 무너진다"고 인식하게 된 것이다. 그래서 이 시의 마지막 연에서는 "사막의 도시는 불빛조차 건조해서/별빛이 처참할 정도로 빛나나 보다/어둠은 어둠이 아니라/눈 시린 빛이"(시 〈어둠에 잠기는 사막 도시 1〉에서)라고 인식하게 되는 것이다.

그리고 시 〈어둠이 잠기는 사막 도시 2〉에서는 "어둠이 길을 삼키고 있다/사람도 삼키고 모래언덕도 삼키고 있다/바람이 어둠에 잠기면 소리만 남는다"고 새로운 시각으로 인식한다. 그리고 어둠에 잠긴 사막 도시는 "하늘에는 그리움의 무리들이 반짝이기 시작하고, 어둠에 잠긴 집에서는 등불이 외롭게 눈을 뜬다"고 인식한다. 이러한 인식은 연작시의 전편인 〈어둠이 잠기는 사막 도시 1〉처럼 고향을 떠올리지만 비관적이지는 않다. "//왜 밤이 깊을수록 별이 빛나는지/의문을 품던 어린 시절의 나는/이국의 별 우는 소리를 듣고 있다 /길 위에 쌓인 어둠을 밟으며/낯선 별의 이름을 묻고 있다"(시 〈어둠에 잠기는 사막 도시 2〉 마지막 연)고 사막 도시에서 별 우는 소리를 듣는다. 그리고 낯선 별의 이름을 묻는다. 여기에 이르러 〈어둠이 잠기는 사막 도시 1〉에서 느낄 수 없는 사막 도시와 어둠, 그리고 별을 이미지를 감각적으로 보게 된다.

2. 사막의 스토리텔링

김용언은 사막의 시인이다. 많은 시에서 사막의 이미지를 차용해서 쓰기 때문이다. 이 에세이의 서두에서 필자는 김용언의 제7시집 《당나귀가 쓴 안경》에서 그의 시를 〈고뇌를 통한 사막의 시 미학〉이란 제목으로 평한 이명재의 평문을 소개한 적이 있다. "차별화된 개성과 섬세하고 예리한 시안詩眼을 지닌 채 (…) 소탈하고 진솔한 자신의 인품에서 우러나는 따스함과 고뇌들이 담겨 있"는 사막의 시 미학을 성취하고 있다는 평이 그것이다. 그러나 시 〈사막의 풀〉에서는 다른 면모를 보여 준다.

하늘 한 자락 넘어져야 풀 한 포기 돋아나고
절벽보다 높은 고독 무너져야
나무 한 그루 일어서는 사막

달빛은 사구를 다독이고
바람을 흔들던 깡마른 풀잎은 스스로 운다

석양을 물어 나르던 까마귀 어지럽더니
깡마른 울음소리 모래알에 묻혔다
낡은 시의 한 소절처럼
발자국이 모래 속으로 숨어들면
시퍼렇게 눈을 뜨는
나의 외로운 세포들

풀잎은 어스름 속을 서성거리는
그 건 천형의 외로움이다

– 시 〈사막의 풀〉 전문

시 〈사막의 풀〉에서 시적 화자는 '사막의 풀'을 '천형의 외로움'으로 인식한다. 그 풀은 "하늘 한 자락 넘어져야" 돋아나는 풀. "절벽보다 높은 고독 무너져야" 일어서는 사막 나무. 그 풀과 나무를 천형의 외로움으로 인식하고, "낡은 시의 한 소절처럼/발자국이 모래 속으로 숨어들면/시퍼렇게 눈을 뜨는/나의 외로운 세포들"로도 인식한다. 이처럼 사막의 풀을 '시퍼렇게 눈을 뜨는 외로운 세포들' 즉 시심詩心으로 인식한다. 이러한 시적 토로는 사막과 풀이 김용언 시인의 시적 발상의 원천의 하나라는 토로와 다르지 않다.

그러나 정작 이 시에서 우리가 주목해야 하는 부분은 "달빛은 사구를 다독이고/바람을 흔들던 깡마른 풀잎은 스스로 운다/석양을 물어 나르던 까마귀 어지럽더니/깡마른 울음소리 모래알에 묻혔다"는 2연이다. 사막에 대한 시적 화자의 인식이다. 사막의 달빛은 모래언덕을 다독이고, 사막의 풀잎은 바람에 흔들리며 스스로 우는데, 석양을 물어 나르는 까마귀는 자신의 울음소리와 사막의 울음소리를 모래알 속에 알알이 묻어 놓는다는 사막에 대한 미적 인식은 '천형의 외로움'이기보다는 차라리 사막의 아름다움이며 적요의 미학이다. 울음소리 혹은 눈물의 사막 미학이다.

이런 맥락에서의 사막 이미지는 〈사막에 묶이다〉에서도 보인다.

모랫벌로 들어서면
왈칵 눈물이 솟는다
빈 그릇이 된다

모래 알갱이 구르는 소리와
구름 사각거리는 소리와
고독이라는 반짝이는 세포들이
그릇에 담긴다

끈적거리던 의상
투덜대던 구두
피부 각질처럼 몸을 싸고 있던

이름 세 자
모두 모두 바람에 던져주면
나는 비로소 사막의 말뚝에 묶이고 만다

비웠는데도
몸은 무겁고
눈물이 펑펑
내 몸 속엔
한 톨의 염분까지 사라져 간다

– 시 〈사막에 묶이다〉 전문

위의 시에서 시적 화자는 사막의 "모랫벌로 들어서면/왈칵 눈물이 솟는다/빈 그릇이 된다"(첫 연)고 토로한다. 그 이유는 "모래 알갱이 구르는 소리와 /구름 사각거리는 소리와/고독이라는 반짝이는 세포들" 때문이라는 것이다. 그것들을 시적 화자는 "빈 그릇"에 담는다. 사막에서의 슬픔과 고독을 빈 그릇에 담고서야 시적 화자는 자기에게도 돌아온다. 자아성찰을 하게 된다, 그것이 3연이다. "끈적거리던 의상/투덜대던 구두/피부 각질처럼 몸을 싸고 있던/이름 세 자/모두 모두 바람에 던져주면/나는 비로소 사막의 말뚝에 묶이고 만다"고 느낀다. 바람에게 이른 석자를 던져두고 나서야 사막의 말뚝에 묶인 자신. 그 자신을 시적화자는 "비웠는데도/몸은 무겁고/눈물이 펑펑" 쏟아지고, "몸 속엔/한 톨의 염분까지 사라져"가는 것을 느끼게 된다.

염분은 불순물을 제거하여 배출해 주고, 영양분의 흡수를 도와 신진대사를 원활하게 하며 세포를 회복시켜 주는 역할을 한다. 그 염분이 사라지는 것은 정신과 몸을 불순물을 제거하여 새로운 생명을 부여한다는 의미일 것이다. 생명력에 대한 소진이 아니라 새로운 생명력의 소생일 것인데, 그것은 시심의 회복을 의미하는 것은 아닐까?

시 〈그리운 사막〉에서의 "사랑한다는 낱말 위에 성냥불을 그으면/활활 불이 붙을 것 같은 사막" "사막에는/항상/자신의 사랑 깊이를 아는 사람들이 모여" 드는 것처럼 '사랑의 깊이'와 "알라신은 그래서 거기 있었다"에서의 절대자에 대한 소망과 "사막 한가운데 서서 방향을 잃었을 때/목줄기에 불이 붙을 때/어머니 같은 손이 모래벌판에 있"는 것처럼 사랑은 그런 것이 아닐까? 그리고 "낙타도 당나귀와 염소도/모두 같은 지면 위에 수평으로 서 있"다는 의식에서 엿볼 수 있는 평등과 동참과 평화라는 종교적 의식은 아닐까?

그 반대로, 시〈허공을 매달다〉에서의 "허공에 사물을 매달기는 했어도 허공에 허공을 매달기는 처음이다(…)//허공이 너무 깊다"는 허공에 대한 공허감 때문인가? 시 〈분꽃 씨를 받으며〉에서의 "손바닥에 올리면/와르르 와르르/우주 구르는 소리/또 다른 세상을 향해 떠나는/기적 소리"라는 시 · 공간의 추월한 의식 때문일까? 시 〈중복中伏, 정오 무렵〉에서의 "햇살이 적막 속으로 폭포처럼 쏟아지고 있다"(끝 행)는 자연친화사상 때문일까? 시 〈담장을 넘어온 꽃을 보며〉(끝 연)의 "계절의 끝자락엔 숲도 무심하고/놓아버린 추억은 아련하다/아, 담장을 넘어온 꽃은 왜 저리도 황홀하단 말인가"에 함축하고 있는 자연의 무심함과 몸을 전율하게 하는 아름다운 자연의 아름다움 때문일까?

3. 가족에 대한 연민과 외로움, 그리고 무상無常의식

김용언의 이번 시집에서는 가족을 모티프로 한 시들이 상당수 있어 주목하지 않을 수 없다. 단순한 가족에 대한 사랑만을 노래한 것이 아니라, 가족에 대한 연민과 외로움 때문이다. 아리스토텔레스는 인간을 가장 전율케 하는 정서를 연민과 공포라고 말한 바 있다. 쇼펜하우어는 《도덕의 기준》에서 연민은 모든 도덕률의 기준이라 말했고 바모우는 연민은 여성에게 바치는 치명적인 감정이라고 말한다. 그래서 연민은 외로움을 동반하는지도 모른다. 그래서 김용언은 시 〈빗소리 붉다〉에서 "칼날 같은 칠월에 빗소리 듣는다/맨드라미처럼 붉다/빗소리가 빚는 언어는 절망적이다/양귀비의 속곳처럼 붉다"고, 7월의 빗소리를 가장 아름답다는 "양귀비의 속곳처럼 붉다"는 이미지로 표현했는지도 모른다.

① 간간한 바람이 불기 시작하면 사람들은 적당히 외로워지기 시작하고

풀과 나무들은 제가 서 있는 자리를 돌아보게 된다.

어머니가 손맛을 내듯 사람들은 외로움으로 삶의 간을 맞추고 있다

– 시 〈간을 맞추다〉 첫 연

② 어머니는 어릴 적에 나의 가슴을 다듬어 주셨지만/아버지는 내 뼈에 손금을 얹어 주셨다/그런 탓으로 내 뼈에는 화석처럼/아버지의 손금이 새겨져 있다./아버지는 먼 여행을 떠나셨어도/지금도, 가을 햇살에 빛나는 맨드라미빛이다//나의 가을 뜰에는/언제나 맨드라미꽃 흐드러지게 피어/아버지의 기침소리를 내고 있었다

– 시 〈아버지와 맨드라미〉 중에서

③ 담장 너머에는 또 담이 있건만 여린 손끝을 흔들며 담장을 기어오르는 꽃 흰머리 날리며 걸어온 시간을 헤아려 보는 아내 모두 눈물겹다 오르고 또 올라도 하늘은 언제나 저만치 있다 저만치 존재하는 모든 건 슬퍼 보인다 실컷 울어야 응어리가 풀리려는지 능소화 몇 송이 하늘 언저리에 붉다

– 시 〈눈물겹다〉 중에서

①의 시는 어머니를, ②는 아버지를, 그리고 ③의 시는 아내를 모티프로 한 시이다.

①의 시 〈간을 맞추다〉는 "어머니의 간 맞추기는 사랑의 간 맞추기"라는 시인의 인식이 "바람이 불기 시작하면 사람들은 적당히 외로워지기 시작하고/풀과 나무들은 제가 서 있는 자리를 돌아보게 된다"는 자연친화 상상력을 통해 어머니의 손맛과 외로움을 유기적으로 구조한 시이다. 그 결과는 위에 예시한 "어머니가 손맛을 내듯 사람들은 외로움으로 삶의 간을 맞"춘다와 시적 화자의 "얼마나 더 살아야 내 삶의 간을 적절히 맞출 수 있을는지//가을의 길목에서/또 다시 적당히 외로워지려는 연습을 시도"한다라는 정서적 표출이다.

②의 시에서 주목되는 부분은 "가을 햇살에 빛나는 맨드라미빛" 이미지와 "아버지의 기침 소리"이다. 유년시절의 우상이었던 아버지의 기침 소리는 바람 소리였다는 인식. 그리고 "어머니는 어릴 적에 나의 가슴을 다듬어 주셨지만/아버지는 내 뼈에 손금을 얹어 주"어 "내 뼈에는 화석처럼/아버지의 손금이 새겨져 있다"는 인식은 부자의 혈연적 화인火印 같은 것을 의미하는 것이다. 그리고 그 인식이 "가을 햇살에 빛나는 맨드라미빛"이 의미하는 진붉은 기침 소리 이미지와 연결되면서 삶의 한恨까지도 원형질적으로 부자계승되고 있음을 암시한다.

아내에 대한 헌시 같은 ③의 시는 시적 화자의 아내를 능소화로 표상한다. 위의 ③에 예시한 "실컷 울어야 응어리가 풀리려는지/능소화 몇 송이 하늘 언저리에 붉다"고 느끼는 아내의 존재가 '눈물겹다'고 직설적으로 노래한다. "담장을 기어오르는 꽃은 언제 보아도 눈물겹다/칠부능선을 기어오른 내 아내를 보아도 눈물겹다"고 아내에 대한 사랑을 슬픔으로 표현한다. "기대어 살아온 슬픔보다/담장 너머의 세상이 그리워/손톱이 갈라지고 땀으로 범벅이 되어도/오르고 또 오르"는 능소화 같은 아내가 "오르고 또 올라도 하늘은 언제나 저만치 있"는데, "저만치 존재하는 모든" 것처럼 슬퍼 보이고 눈물겹다고 노래한다. 이렇게 '눈물겹다'고 인식하는 것은 어쩌면 모든 것들이 무심하기 때문인지도 모른다.

> 우리 집 빨랫줄에 아내와 내 옷이 펄럭인다 한때는 부부 옷과 두 명의 애기 옷이 펄럭였다 시간이 지나면 한 사람의 옷만 펄럭일 거고 또 시간이 얼마만큼 지나면 텅 빈 빨랫줄에는 바람만 그네를 탈 게다 그 사실을 아버지와 어머니도 알고 있었고 나와 아내도 알고 있다 그러나 모두들 무심하다.
>
> — 시 〈무심하다〉 전문

위의 시 〈무심하다〉는 삶의 무상無常함을 노래한 시이다. 모든 것은 덧없다. 모든 것은 변하지 않는 것은 없다. 일상적으로 늘 그대로 존재하는 것은 없다. 그래서 불교에서는 인생무상이라는 말을 키워드로 삼는다. 지난날에는 "우리 집 빨랫줄에 아내와 내 옷이 펄럭"였고, 한때는 두 명의 자식 옷도 널려 있었지만, 시간이 얼마만큼 지나면 텅 빈 빨랫줄에는 바람만 그네를 탈"것이라는 인식은 죽음을 선험先驗하는 인식이며 무상함을 인식한 언어이다. 하지만 우리 모두는 모든 것들이, 자신이 사랑했던 사람들이 모두 떠나가고 없을 것이라는 사실을 알면서도 평상심은 무심하다는 인식, 그 과정을 쓴 시이다.

때로는 울창한 '여름 숲' 이 "무뚝뚝한 사내"처럼 인식되고, 여름 숲이 "단단한 벽 속에 숨겨져 있는 신비로움"으로 느껴지고, "비온 뒤의(…)/시끌벅적한 재래시장의 골목"처럼 인식되기도 하지만, "눈을 감으면/일시에 모든 창문이 사라져 버려/도망칠 수 없는 아득함"(시 〈여름 숲〉에서) 으로 느껴지는 것처럼 삶의 무상함을 노래한 시이다.

시인의 창작시는 그 시인의 스토리텔링과 다름이 없다. 시인은 자신의 삶을 전언해 주는 스토리텔러이다. 그래서 철학이 그 사람의 그 자체인 철인의 반열로 시인이라는 이름으로 올려 지칭된다. 삶이 어떤 형태이든 무엇이든 자신의 내적 외적 모습을 보여 주고 노래해 준다. 시 〈귀가, 그리고 모두 절벽〉를 그 예로 읽어 보자.

현관 앞에서 주춤한다/우리 집이 맞는지, 망설인다/여기 서 있는 나는, 아침에 외출했던 나와 동행했던 인물인지/현관문을 열고 들어서면 나를 반길 사람이 있는지/나날이 새로워지고 나날이 놀라운 세상//현관에 들어서면서 코에 익숙한 체취에 안심하며/옷을 턴다/옷소매를 잡고 따라온 조잡한 언어들과/바짓가랑이를 끌어당기던 유혹들/구두창에 달라붙은 껌 조각까지/탁~ 탁~/턱이 떨릴 정도로 두드리며/털어낸다//바짓가랑이에선 먼지와 함께 꽃잎이 떨어진다/와이셔츠에선 보들보들한 입술이 떨어진다/두둑한 배를 지켜 주던 저고리 단추가 간들거리더니/이내 고개를 떨군다/있어야 할 것과 떨어져야 할 것들이 현관 바닥에 나뒹군다//집안은 훤하게 보이는데/인기척은 없고/내 발끝에서 자라는 강아지가 달려와/죽는 시늉의 몸짓으로 아양을 떤다//그리고는 모두 절벽이다

– 시 〈귀가, 그리고 모두 절벽〉 전문

이 시를 읽으면 시적 화자의 외로움을 느끼게 된다. "긴 그림자를 끌며 산에 올라서 겨울나무를 만"나는 '겨울남자'와도 같은 존재로 인식된다. "주먹을 펴도 빈손이고, 주먹을 움켜쥐어도 빈손"인 겨울남자. "나뭇가지를 건드리면 (…) 허파에서 빠져나가는 숨소리가" 나는 겨울남자. ""바보 같은 놈"이라 외치니 나뭇가지가 흔들"리는 겨울남자. "별빛이 나무 발등까지 내려앉을 수 있으니 그 또한 좋다/나무들이 옷을 벗고 있으니 평등해서 좋다/낙엽 진 숲에는

비밀을 숨길 수 없다는 것도 좋다"(시 〈겨울남자, 겨울나무〉에서)고 인식하는 겨울남자처럼, 김용언 시인은 시인으로서의 삶을 스토리텔링한다. 시 〈겨울남자, 겨울나무〉에서는 자신을 제목이 의미하는 바처럼 겨울나무와 겨울남자로 비유하고 있지만, 위에 제시한 시 〈귀가, 그리고 모두 절벽〉은 일상적인 삶의 단편斷片을 통해 자신을 스토리텔링한다.

"나날이 새로워지고 나날이 놀라운 세상"인데도 현관 앞에서 주춤하는 시적 화자. 그러나 "익숙한 체취에 안심하며/웃을" 터는 시인. 조잡한 언어와 유혹들을 털어내자 "바짓가랑이에선 먼지와 함께 꽃잎이 떨어"지고, "와이셔츠에선 보들보들한 입술이 떨어"지고, "두둑한 배를 지켜주던 저고리 단추가 간들거리"고, "이내 고개를 떨"구자, "있어야 할 것과 떨어져야 할 것들이 현관 바닥에 나뒹"굴고 집안의 기척은 없고/내 발끝에서 자라는 강아지가 달려와/죽는 시늉의 몸짓으로 아양을 떠"는 그러한 일상을 "모두 절벽이"라 느끼는 시인의 일상까지도 김용언은 자신을 스터리텔링한다.

이것이 시인이다. 삶의 철학을 시라는 표현 구조로 재현시키는 시인이다. 이 점을 김용언 시를 읽으면서 새삼 인식하게 된다. 그는 분명 천생 시인이고, 시적 철인이다. 그것이 김용언 시인이 혼탁한 한국시의 지평을 새롭게 열어 주는 시법이다.

인지
붙이는 곳

계간문예시인선 124
김용언 시집_ 소리사냥

1판 1쇄 발행 | 2017년 11월 16일
2판 1쇄 발행 | 2017년 11월 22일

지 은 이 | 김용언
회 장 | 서정환
발 행 인 | 정종명
편집주간 | 차윤옥

펴낸곳 | 도서출판 계간문예
편집부 | 03132 서울 종로구 삼일대로 30길 21 종로오피스텔 808호
주소 | 03132 서울 종로구 삼일대로 32길 36 운현신화타워 305호
전화 | 02-3675-5633, 070-8806-4052
팩스 | 02-766-4052
이메일 | munin5633@naver.com
등록 | 2005년 3월 9일 제300-2005-34호
ISBN 978-89-6554-167-7 04810
ISBN 978-89-6554-118-9 (세트)

값 10,000원

이 도서의 국립중앙도서관 출판예정도서목록(CIP)은 서지정보유통지원시스템 홈페이지(http://seoji.nl.go.kr)와 국가자료공동목록시스템(http://www.nl.go.kr/kolisnet)에서 이용하실 수 있습니다. (CIP제어번호: CIP2017030552)